体育教学设计与教案编写

主　编：杨铁黎

副主编：赵　立　冯　霞　尹　博

陈永英　罗朝晖

北京体育大学出版社

策划编辑：李　飞
责任编辑：李光源
版式设计：杨　木

图书在版编目（CIP）数据

体育教学设计与教案编写 / 杨铁黎主编. -- 北京 ：北京体育大学出版社，2004.11（2024.6重印）

ISBN 978-7-81100-229-4

Ⅰ. ①体… Ⅱ. ①杨… Ⅲ. ①体育－教学研究－高等学校②体育－教案（教育）－高等学校 Ⅳ. ①G807.4

中国版本图书馆CIP数据核字(2004)第102356号

体育教学设计与教案编写　　杨铁黎　主编

出版发行：北京体育大学出版社
地　　址：北京市海淀区农大南路1号院2号楼2层办公B-212
邮　　编：100084
网　　址：http：//cbs.bsu.edu.cn
发 行 部：010-62989320
邮 购 部：北京体育大学出版社读者服务部 010-62989432
印　　刷：三河市龙大印装有限公司
开　　本：710mm × 1000mm　　1/16
成品尺寸：170mm × 240mm
印　　张：9.25
字　　数：159千字
版　　次：2004年11月第1版
印　　次：2024年6月第7次印刷
定　　价：35.00元

前言

我国已胜利完成全面建成小康社会发展阶段的历史任务，正式进入基本实现社会主义现代化和建设社会主义现代化强国的新阶段。大力开发人力资源，普遍提高国民素质水平，成为当今全球开发人力资源以增强综合国力的大趋势。社会的进步和国民经济的增长，必然导致教育的深刻变革。开发人力资源，推进我国素质教育的基础在于学校课程、教材和教学过程的改革。对学校体育来说，就是根据国家颁布的各学段体育与健康课程标准，用“扬弃”的观点对待过去，以“叠加”的方法实践新的课程目标。

体育教学是实现新的课程目标的基本学习形式。体育课又是体育教学的“基本单元”。如何上好体育课？备好课！写好体育课的教案又是备好课的基础。

从查到的资料可以看出，部分教师在撰写教案时存在一些困惑。例如，他们不了解书写教学设计的意义，也不会书写教学设计，而这个问题是实现新的课程标准非常重要的一环，也是使人了解教师上课意图的重要手段。又如，我们的教师注重教案格式的创新，有越来越繁杂的趋势（可能仅仅能称之为标新，而不是创新），忽视了一个原理，即教案格式只不过是表现内容的形式。

因此，本书的目的在于帮助广大体育教师了解和掌握体育课教学设计的方法、技巧及教案编写的要求，提高进行体育教学设计的能力和撰写教案的能力，从而为搞好体育课程改革提供一些借鉴。

本书的主要特点是：1.运用教学设计的基本理论，对体育课教学设计提出了比较好的建议。2.根据我国体育与健康课程标准的基本理念，对不同年级，不同学习内容，提供了有一定借鉴意义的教案。3.每个教案都包括教学设计及对教案的点评。4.注重教案的可拓展性。

为本书的完成提供资料并参加本书编写的有：薛玉春（枣庄矿业集团公司一中），许朝州（武汉职业技术学院体育部），裴德超（淮北煤炭师范学院体育系），于浩飞（中国人民大学体育部），刘军占（北京农学院），王秀云（北京农学院），张达（北京农学院），王福英（廊坊一中），胡秀杰（北京市123中学），董凤翠（青岛建筑工程学院），彭建敏（清华大学体育部）。

本书既可作为广大体育教师继续教育的参考读物，也可作为体育院校和高师体育专业学生的教学实习参考读物，又可供学校体育课程与教学领域的研究人员使用。我们期待通过这样的交流，使更多的人关注并推动体育教学设计和教案的实用性研究，促进学校体育教学改革的发展。

本次重印前，我们更新了部分时效性较强的内容，订正了使用中发现的一些错误，以提高本书的质量。

欢迎读者批评指正。

杨铁黎
2022.05.30

目　录

第一部分　教学设计的基本知识

一、什么是教学

“教学”是一个极为普通、用途很广的日常用语，又是教育科学中的基本概念，要研究教学理论必须首先回答“教学是什么?”当前，对教学的解释主要有：

“教师的教和学生的学的共同活动。学生在教师有目的、有计划的指导下，积极主动地掌握系统的文化科学基础知识和基本技能，发展能力，增强体质，并形成一定的思想品德。”①

“教学说到底是一种帮助或促进人的成长的努力。”②

“教学是以课程内容为中介的师生双方教和学的共同活动。”③

上述的界定有两点是共同的，即教学是有明确目的的，是师生双边的共同活动。

除了以上论述以外，还有一些具有启发性地对教学的解释。例如：

“教学是教师的基本工作。”

“教学是一门艺术。”

“教学是一门技术。”

“教学是建立一种促进学习的环境。”

自我国开展素质教育以来，特别是新的课程改革以来，对教学的

---

① 大百科全书·教育. 北京：大百科全书出版社，第150页

② 布鲁纳（美），渭城译. 布鲁教育论著选. 北京：人民教育出版社，1985年版，第94页

③ 顾明远. 教育辞典. 上海：上海教育出版社，第178页

认识逐步深入。可以看出，人们对教学的认识包括宏观和微观，抽象和具体。

二、什么是体育教学

体育教学是教学的下位概念，是整个教学的一个有机的组成部分，同时又是一个具有鲜明特征的过程。国内对体育教学的解释主要有：

“体育教学是指实现体育教学目的和任务的基本途径。以体育课内容为中介的师生双方在教与学两个方面的双边活动。”①

“体育教学是在教师的指导和学生的参加下，按照教育方针和体育教学大纲的要求，锻炼身体，增强体质，学习和掌握一定的体育卫生保健知识与技术、技能，培养思想道德品质的、有目的有组织的教育过程。”②

“体育教学是在体育教师和普通学生之间展开的运动技术传习活动。”③

综合上述几种界定，体育教学是以体育教学内容为中介，以学生身体实际参与为特征的师生双边活动。

三、体育教学的特点

体育教学与其他学科相比较，有其明显的特点：

（一）坚持健康第一

当前，我国课程改革深入发展，体育课程已经发展成为体育与健康课程。课程的宗旨是坚持健康第一的理念。因此，健康第一已经成为今后体育教学的主导思想，同时也是第一大特点。

---

① 陶景飑. 学校体育大辞典. 武汉：武汉工业大学出版社，1994 年，第 471 页

② 于长镇. 体育教学论. 大连：大连海运学院出版社，1991 年版，第 8 页

③ 张洪潭. 体育教学与概念考释. 上海：上海体院学院，1994 年，第 4 期，第 5 页

（二）以身体练习为学习的基本内容

体育教学的目标主要是通过学生参与各种各样的身体练习来实现。通过学习体育运动技术和掌握运动技能，发展学生的身体。身体练习为学习的“基本平台”，在这个平台上，可以拓展各种其他形式的活动，从而实现体育教学的多种目标。

（三）体力与智力活动相结合

在体育教学过程中，学生从事各种身体练习时，一方面是技能与体能水平的外显，另一方面又是人的思维活动的体现。身体练习的完成实际是体力活动与思维活动相结合的过程与结果。在此过程中体力活动与智力活动应紧密结合，融于一体。当前有人称之为“身体思维”。

（四）身体承受一定生理负荷

人的体能和健康的发展需要运动，需要做各种身体练习，仅此还不够，还需要有科学的运动量。承受科学的运动量就需要有一定的运动负荷。体育教学过程中，主要是通过学生反复从事各种身体练习，学习掌握体育知识技能。在反复练习的过程中，对学生的机体会产生相应的刺激。运动刺激的大小与过程会直接影响学生生理负荷的大小与过程。一个学生所能承受的生理负荷是各不相同的，如何科学合理安排负荷是体育教学的特殊问题。

（五）注重心理健康与社会适应能力的发展

体育与健康课程标准提出五个领域的目标，其中心理健康和社会适应目标成为课程的重要目标。因此，注重心理健康和社会适应能力的发展成为当前体育教学的特点。

四、教学系统

教学系统是为了实现某一具体目标，按照一定互动方式组织起来的部分之集合。了解教学系统，从宏观上理解教学，对体育教学的设计有重要意义。教学系统见图 1。搞体育教学，应从理解一般教学系统出发，理解教学的整体。从图 1 可以看出，教学设计是系统中的一个子系统，与其直接相关的是前馈、反馈和教学过程。

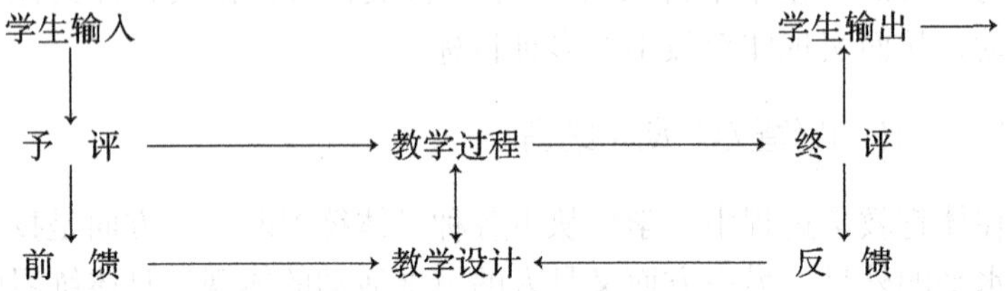

图 1　教学系统

五、教学过程

教学过程是教学系统的各个部分在推动其实现目标的全部行动及其效能。这里的各个部分主要包括：教学目标、教学要素、教学规律与原则及教学方法等。因此，我们可以认为，教学过程是一个复杂的、有机的、综合的运行过程。从图 1 也可以看出，教学过程与教学设计的互动关系，互为依据的关系。

六、教学设计

教学设计（Instructional Design）是设计、开发、实施和评价教学的系统化过程。当前随着课程改革的推进，以学生为主体的教学设计越来越受到重视，以学生为主体的教学设计又被称之为学习系统设计。本书首先围绕教学设计展开论述。

教学系统是教师与学生、教材、教学方法、教学情境及器材相互作用以达到某一目标的有机实体。可见，教学设计或学习设计是对教学过程“理性”思考的过程。

教师作为教学的负责人，必须对多方面的问题列入计划之中。例如，提供什么样的学习内容（新异刺激），如何对学习内容进行编排，决定哪种教学模式最有效等。

因为要有计划，就应有计划的系统和要素。这个计划系统和要素包括内容，见表 1。

表 1　教学系统设计要素

设计根据	系统设计要素					
国家课程目标 学校政策目标 学生“予评”	提出具体目标	分析教学任务	教学任务分类与具体学习条件	选择学习手段	系统综合编写教案	评价与反馈机制

（一）提出具体目标

在设计的要素中，确定具体学习目标是第一位的。与此相关有一系列相关概念需要说明。

教学目的（Purposes）：是根据国家教育方针对具体课程提出的基本学习目的。

教学目标（Instructional Goal）：指作为教学结果学生能够做什么的一般陈述。

具体学习目标（Objectives）：是指可以外显的具体行为目标。马杰（Mager，1962）认为：清晰的具体目标应具备三个要素：学生的预期终点行为；完成这一行为的条件；教师满意的表现及学生掌握学习任务的成绩（最低）水准。

行为是指我们能够相当精确观察和描述的东西，即不笼统含糊。

不笼统含糊：指两个以上观察者在说明他们看到了什么时具有很高的一致性，即信度高。

终点行为指学生在教学活动结束后能做什么，即结果。这是教学活动之前所不能做的。

起点行为是教师教学开始前学生已经具备的能力。

具体目标必须用可观察的行为术语来编写。因为没有这种描述，学习的结果是得不到确认的。实践表明，教师教了什么，学生不一定学会了什么。凡是教学之前学生会的就不必要去教。目标编制精确了，评价也就简便易行了。

具体目标可以是多种类的。包括态度目标，这应是可以测量的方式表达。实际上，态度目标和导致内容习得的具体目标常常是一回事。

由于系统设计是由教师来完成的，因此，有人提出系统化教师的概念。系统化教师是指可以系统设计教学，并可以正确运用反馈调整教学取得良好教学效果的教师。系统化教师的特征是：可以系统评估系统的输入，精确合理地收集持续的反馈信息，可以通过输出与输入的比较来评价系统的效能；根据输入反馈和系统的约束条件、学生需要及更大范围的系统特征清楚地说明教学的具体目标，并将教学目标转化为明确的学习任务；以科学收集有关教材及不同达标方案的数据资料；根据达成目标的最佳手段来对过程和成分做出决定；将计划付诸行动促使系统投入运行；在系统运行之前根据各种反馈信息对系统做出调整。

可见，新的课程标准的颁布，对教师的要求是提高了。我们的教师只有努力学习，才能跟上形式的发展。

（二）分析教学任务是学习系统设计的重要环节

分析教学任务是学习系统设计的重要环节。教学任务指教什么内容和怎样教（教学方法）的过程与结果。对教学任务的分析有以下步骤：

制定具体清晰的终点目标（Terminal Objective）；学生为达成目标的起点学习条件；学生应该知道什么；把学习任务合理排序；如何恰当教好每一项学习任务。

体育教学中，学习运动技能是重要任务之一。技能是一组有目的活动的复杂范型，要求对习得的信息进行操作和协调。技能的分类包括简单技能与复杂技能，心理动作技能和智力技能。心理动作技能包括运动技能（击球）等。运动技能指在体育运动中有效完成专门动作的能力。培养熟练的运动技能是一件长期而困难的事情。因为学生在集中注意力和维持兴趣时会遇到困难。最有效的方法就是用行为业绩的方式，通过“小步子”发展，使其看到自己的进步幅度，从而增强信心，而不是与他人攀比。技能学习经常会遇到“高原效应”，通过努力并分析原因，坚持下去，一般会出现突然跃进。

运动参与是当前《体育与健康》课程目标之一。它与态度直接相关。因此，体育教学的任务之一是必须培养良好的学习态度。态度是个人对特定对象的肯定或否定的内在反映倾向，是个性倾向的表现。态度是有对象的，针对具体事物。与人的认识、情感有直接关系。态度是内在的、持久的心理状态，但可以通过言行表现出来。态度分为情感联系态度、智能态度、动作定向态度、平衡态度和自我防御态度。态度的形成是后天在家庭、学校与社会中得到示范、指导、劝说等习得的，具有阶段性。它与兴趣、价值观和习惯有共通之处。他们之间的差异就在于动机的力度和情绪情感相联系的数量。人们经常将态度分为“积极的”和“消极的”。在行为意义上，积极的态度是指学习者对某种刺激表现出来的接近的趋势。态度由两方面组成：一是认知要素，与自我概念和世界观相连，容易改变；二是情感因素，不容易改变。态度有接近和回避两种趋向。鼓励和成就可以使人接近，批评和挫折可以使人回避。良好的学习和人生的态度可以通过培养习得。例如，榜样的方法、民主的方法、表扬强化的方法、小环境改造法、小群体支持法、自我进步评价法等。但是应有事先的计划和承诺。

（三）关注学习的一般条件

学习是人的能动的信息自我加工过程，良好的学习条件可以保证学生学习的效率与效益。这些条件包括：

良性的学习刺激。为了确保学习刺激可以被学生接受，给予学生编码信息的机会，即信息加工的足够时间。

良好的注意力和动机。新异刺激，多样化教学手段，满足学生需要及冗余度是必要的。其中满足学生（发展）需要方面的运动、探究、思维、鼓励、完成目标、模仿未来群体角色、计划未来等是现实而重要的。

注重学生习得的反应。其过程包括参与、注意、心理加工、即时外显行为反应、形成性反馈。但是也有非外显的问题，如心理默诵、回忆及联想等。体育教学中一般都需要外显反应。

强化与形成性反馈。强化需要满足的源泉可能是外部，也可能来自机体内部。奖赏是外部的强化，但是强化后持续行为随兴趣下降而缩短；内部的强化能更持久。具体（正例和反例）、定量、方向性的信息，形成的形成性评价比笼统的表扬更有利于强化。

关注学生不同的认知风格。学生的认知风格有研究型和接受型两种。教师应根据不同类型而施教。当前一味提倡探究型学习实际上又回到一刀切的旧的轨道上，只是形式与以前不同而已。

良好的场地器材。场地与器材条件对体育教学是十分重要的。良好且充分的场地器材不仅可以提高学生学习的积极性，而且可以防止伤害事故的发生。当前我国各地学校体育的场地器材条件差距很大，有不少地区甚至十分匮乏，但是安全、卫生、摆放合理的场地器材条件应该是广大教师可以做到的。

（四）选择教学的手段

媒体是用来向学生传递信息的手段或工具。这里首先应根据学生需要选择最有效的刺激属性。有静态和动态或综合性的刺激。

刺激的情境、对情境作出反应的刺激者、练习实践和学习者的反馈是构成体育学习实践的四种要素。

在体育教学中，所谓媒体主要是通过选择教学方法和教学模式及适当的组织手段来实现的。

1. 关于体育教学方法

体育教学方法是教师和学生为实现体育教学目标采用的教学活动方式的总称。

教学方式是教学方法的细节或组成部分，如讲授法中的提问，属于教学方式，不属于教学方法。教学方法是一连串的、独立地完成某项教学任务的教学活动，而教学方式本身不能独立地完成某项教学任务。教学方法根据不同的出发点可以分为：

第一，依据师生双边活动来分类，可把体育教学方法分为教授法和学习法。

第二，依据学生获得知识的主要途径和来源，把体育教学方法分为语言法、直观法和练习法三大类。

第三，依据教学目标，把体育教学方法分为传授与掌握体育与健康基本知识、技术和技能的方法，发展学生体能的方法，加强学生思想品德教育及心理的方法等。

在体育教学中，针对不同的学习目标，及时、适量、合理、综合地使用教学方法，可以较好地提高教学效益和学习效率。

2. 关于体育教学模式

我国《教育大辞典》写道："教学模式是反映特定教学理论逻辑轮廓的、为保持某种教学任务的相对稳定而具体的教学活动结构。具有直观性、假设性、近似性和完整性。"我国学者吴志超认为，教学模式是按照一定原理设计的一种具有相应结构和功能的教学活动的模型或策略。因此，可以认为教学模式都是建立在一定理论基础之上，具有一定结构并可以操作的"模块"。因此，可以把体育教学模式理解为在某一教学理论指导下，以完成的主要体育教学任务为目的的一种教学模型或特定的教学策略组合。它体现在一个教学单元，一节体育课或课中的一个部分。

体育教学模式主要有如下特征：

（1）理论性：体育教学模式是体育教学理论及其教学思想在体育教学中的具体体现，因此一种体育教学模式必须反映一定的体育教学思想和理论。它是为了某种体育教育目标的达成，在一种教学理论或思想的指导下，选择教学方法和手段及组织方式，从而使得教学理论或教学思想和教学实践有机地结合起来。

（2）整体性：体育教学模式既要从整体上考虑教学的基本框架、概要研究教学主导和主体要素（教师、学生、教材、场地器材等）组合的内在关系，又要分析影响教学的外在环境因素（时间、气候等)，以便综合地考虑体育教学目标的确立、教材和教学策略的选择、师生活动的规范及器材等一系列问题，进而构建其基本的教学框架，并通过教学实践的反馈进行检验、调整与修正，以确立能够取得最优化教学效果的基本模式。

(3) 稳定性：体育教学模式在经过长期教学实践检验而定型后，就具有相对稳定的结构。因此，一种较成熟的教学模式，在其运用的教学条件适宜时，就有一定的稳定性。

(4) 操作性：由于体育教学模式是在体育教学理论和思想的指导下，经过教学实践的不断提炼和精心加工而形成的，其结构比较清晰明了，而有些教学模式本身就是从长期的教学实践经验概括而来，因此，它具有实践意义和可操作性。

(5) 直观性：体育教学模式虽然是一种可操作性理论框架，不像教学理论那样抽象，它对教学理论或教学思想的反映是以直观、具体的方式来体现的。

体育教学模式一般由下列要素组成：

(1) 体育教学理论与思想

教学理论或教学思想是教学模式的深层要素。教学模式是在一定的教学理论或教学思想指导下形成的，任何一种教学模式都有其赖以成立的理论基础或思想内核，这也是区别不同教学模式的重要依据。

(2) 体育教学过程结构

教学过程结构是教学模式核心部分之一，它通常包括教学的操作程序、师生相互作用的活动方式等，是教学过程中可见的部分，不同的教学模式具有不同的教学过程结构。

(3) 体育教学方法体系

体育教学方法体系是构成教学模式的又一核心部分。一定的教学模式具有与其教学思想相适应的教学方法体系。因此，不同的教学模式的成立还有赖于一系列教学方法及方式的开发和重组，以在教法的层面体现其特点。

（4）体育教学条件

体育教学模式的运用必须具备与之相适应的教学条件（教师水平、学生的学习基础、教学设施等软硬件）。如果相适应的教学条件不能满足的话，教学模式就难以有效地发挥作用。

在这里值得指出的是，体育教学模式与体育教学方法有共同的一点，就是两者的选用都是根据一定学习目标和一定的条件，没有万能的教学方法，也没有万能的教学模式。

当前，我国体育教学模式的研究参差不齐，但是可以认为有以下几种：体育技能教学模式，其中又包括程序教学模式和发现式教学模式；体能教学模式，又包括训练模式和处方模式；快乐体育教学模式，又包括情境教学模式和成功体育教学模式，以及小群体合作学习模式等。

3. 关于体育教学的组织

体育教学组织是指在体育教学过程中，为提高教学效益而采取的一系列组织方法的总称。

由于体育课教学的组织与实施主要是在操场上进行，学生活动范围大，人际交往频繁、场地器材复杂、外界环境多变，因此，体育教学组织是一项比较复杂和细致的工作。合理的教学组织，可以保证课的严密紧凑，有条不紊，最大限度利用每一分钟时间，使教学更加结合学生实际，区别对待、因材施教，调动学生学习的主动性和自觉性，培养学生组织纪律观念，养成遵守纪律的习惯。合理安排场地器材，有利于提高器材的使用效率，增大课的密度，同时可以防止伤害事故发生，保证体育教学任务的完成，达到预期的教学效果。体育教学组织是体育教师教学基本功的重要内容，它是体育教师教学经验、教学技巧和教学智慧的综合体现，是衡量体育教师教学水平高低的重要方面。科学、合理、有效地选择适宜的组织形式，其基本要求如下。

（1）灵活性

体育教学组织没有固定的模式，必须根据教学内容和课的任务与要求、学生人数、性别等情况灵活地运用各种教学组织形式，把课上得有声有色。

（2）合理性

体育教学的显著特点是学生只有经过反复的身体练习，才能建立动力定型，掌握运动技能，提高健康水平。为增加学生的练习时间和次数，教师必须了解场地器材的实际情况，根据器材的多少选择最佳的教学组织形式，提高器材的利用率。场地布置要合理，器材的摆放位置、距离要在不相互影响练习的前提下尽量靠近，以减少队伍的调动。

（3）针对性

体育教学中教材不同，对场地器材要求也不同；学段不同，年龄、生理特点的不同，对组织工作的要求也不同。因此，在选择教学组织形式时应针对不同学段、不同性别、不同年龄区别对待。

（4）严密性

体育教学一般采用的是班集体授课制度。由于目前我国大部分教学班级学生人数偏多，所以教学组织必须严密、有序、有条不紊。尤其是学习危险性较大的身体练习时，严密的教学组织是防止伤害事故发生的保证。当前，学校体育理论界有一种忽视“严密组织”的倾向，认为其不利于发展学生的个性。其实，自从有了班级授课制，就有了组织问题。组织的好，可以使教学顺利进行，同时提高学生的组织纪律观念和集体主义精神。何乐而不为呢？我们看到，有些教师的组织比较生硬，学生不喜欢；有些教师的组织技巧高，可以使学生感觉不到组织的“痕迹”，而不知不觉地接受。可见，不论哪种情况，在体育教学中，组织是必须有的。

在教学组织方面，学习分组是比较核心的问题。合理的分组不仅可以提高教学效益，还可以避免大班上课缺少个性教育与合作学习的不足的问题。其分类主要是同质分组与异质分组两种。在具体分组操作中包括有：

（1）男女生合班（单班）分组

男女生合班分组教学是指将同年级两个教学班的男女生分别合并成一个男生班和一个女生班，分别由两位教师担任男生班的课和女生班的课。单班分组教学是指将一个自然教学班分为男生组和女生组，由两位教师分别进行教学的形式。

男女生分开上课，既区别了教学对象，降低了教师授课的难度，又为教学内容的改革提供了新的可能。针对男女学生的差异状况进行分组教学，能更大地调动男女学生体育学习的积极性，促进男女学生的个性发展。

（2）健康与体能分组

根据学生健康与体能情况进行分组，是区别对待学生的一种较好的组织形式。在一个班级中，学生的身体状况可分为优、良、中三类。通过综合评定法，可以将一个班学生按健康和体能状况分为甲、乙、丙三个组别。甲组为高层次水平组，乙组为中间层次水平组，丙组为低层次水平组。乙组按通常的教学进度、教学内容和步骤进行教学。甲组则加大学习难度，加快学习的进度，增加教学内容，在技术细节上可以提高要求。丙组则可适当放慢教学进度，减少教学内容，降低学习的难度，在技术细节上不必抓得过多过死，应多增加些基本的身体素质练习和基本技术的练习。健康与体能分组教学针对性较强，不受课的类型、教材的限制，适合于初中和高中的各个年级。分组时对健康和体能的标准要处理得当。

（3）技术分组

技术分组是根据学生的技术进行的分组。技术分组又可分为临时分组、固定分组和晋升分组等。临时分组是由学生技术动作的好与差决定的，而固定分组又需在临时分组的基础上进行。这种相对固定的分组在一定条件下，还可以再进行晋升分组。技术分组具有灵活性、针对性、实效性。技术分组可以在性别分组的基础上进行。它适用于各个年级。

（4）目标分组

目标分组是在自然分组、性别分组、健康分组、体能分组、技术分组的基础上进行的。它是根据教学要达到的目标进行的分组。这种分组有利于调动学生的积极性，使学生为了各自的目标进行学习与锻炼，适用于复习课、身体素质训练课等。

(5) 兴趣分组

兴趣分组是根据学生不同的兴趣与爱好进行分组，特点是有利于培养学生个性、发挥特长，最适合选用教材、传统项目课的教学。这种分组形式，一般也可以在复习课和综合课中采用。在复习课中，学生可根据教师安排的复习内容，根据自己兴趣，结合成组。对一些有运动技能特长的学生，教师可鼓励他们结合个人的兴趣进行强化训练，使之“更上一层楼”。对尚有薄弱项目的学生，教师则应引导、激励他们，结合成组，使之增强信心、消除畏难情绪，“练在薄弱处”，从而达到共同进步的教学要求。在综合课中，学生可根据课的安排，选择自己比较感兴趣的项目进行活动。

(6) 性格分组

性格分组是体育教师按照学生的个人心理倾向组合成的活动小组。从人的性格看，主要有外向型和内向型两种。外向型的学生活泼开朗，反应迅速，他们往往身体素质好，运动能力强，但不稳定、马虎；内向型的学生性情孤僻，反应较慢，身体素质和运动能力不如外向型学生好，但认真、沉着。这些鲜明特点，是体育教师实施教法，确定运动负荷、强度及要求等的主要依据。这种分组固定性强，有局限性，适用于新授课和复习课，开始进行分组时较困难。

(7) 友伴分组

友伴分组是一种小团体的分组教学形式，只有当学生之间的关系协调和目标一致时，才能形成一个小集体。这种分组形式能充分调动学生的积极性，体现学生间良好的人际关系，有利于培养学生自觉锻炼的习惯，使学生能发挥内在的潜力。友伴分组适用于韵律体操、游戏、田径、球类等各项教材的教学课。

（五）系统综合与编写教案

教学设计是设计、开发、实施和评价教学的系统化过程。这一过程关系许多要素，这些要素我们在前面都先后论述过。值得注意的是，这些要素不是孤立存在的，而是互相联系的，一般来讲也应该是有序的。关注这些要素的联系，关注这些要素的序对写好教学设计、教案都是有帮助的。

教学设计是一种理论，是书写教案的一种说明和前提。教学设计本身也是一种技能，“熟”了才能生“巧”。最后，应把设计的设想落实在文字上。

教学设计的形式包括：

（1）教学说明：即对本次教学意义的一般性说明。

（2）目标分析：包括一般教学目标、学习具体目标、目标排序。

（3）学习者特征：包括年龄、性别、前置性评价、兴趣等。

（4）学习内容分析与排序：教材分析及处理方式等。

（5）教学策略：在特定学习条件下，实现目标的方法与步骤。

（6）检测项目与形成性评价：评价方法与指标。

教学设计完成之后，就可以编写教案了。

在我国，教案的编写形式有多种，其中表格式教案使用最为广泛。在表格式教案中，又以双栏式为主。当前，随着体育课程改革的深入，原有的双栏式教案已经容纳不下需要表达的各种信息，因此，三栏式、四栏式等也先后应运而生，见表2。

表2　表格式教案

学习目标					
学习内容与时间	学习目标	教学活动	教学组织与器材	负荷与运动密度	学习活动
集中注意力 提高学习兴趣	情感与态度	讲解、设计情境	全体学生	低负荷小密度	听讲、注意看问题、进入情境体验
球类运动技能	运动技能	讲解示范	分组不轮换	中负荷中密度	看与听、进行运动体验

学习内容与时间	学习目标	教学活动	教学组织与器材	负荷与运动密度	学习活动
球类运动竞赛	运动参与	了解规则	同质分组	中负荷高密度	看与听、进行运动体验
合作性游戏	社会适应	角色扮演	异质分组	中负荷中密度	看与听、进行运动和心理体验
评价与反馈					

（六）评价与反馈

教学是建立一种促进学习的环境。例如，一名好教师的职责应包括确信学生懂得了期望他做什么，师生之间的沟通十分重要。因此，预评、前测、前馈，监测与诊断性评价，终评等成为了解学生，与学生沟通的重要手段，对建立良好的教学人文环境、教育环境起到重要的作用。

七、关于学习系统设计中应注意的问题

以学生为主体的教学设计又被称之为学习系统设计。学习系统设计是用问题解决法对待教学设计的方法，见图2。学习系统设计的基本策略是分析系统需求、设计系统和评估系统效果。它与教学设计的关系是从不同的角度观察“相近”的问题。

在实际教学中，的确出现许多问题，见表3。其中对若干问题及其后果不用心的教师是很难了解的，或也不愿意了解。这就造成教学效益和效率低下。解决问题应首先按照学习系统设计的原理，明确系统目标和资源原则；逐渐修正原则；系统要素相互联系与影响原则进行思考。再按照一定的程序，系统设计，多次实践，形成技巧，就可以逐步减少教学问题的发生，使学生的学习逐渐感到轻松、快乐和成功。下面将论述学习系统设计及程序。

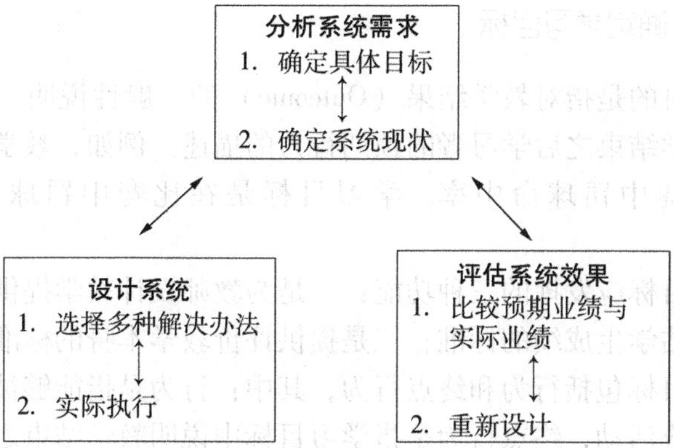

图2　学习系统设计

表3　教学问题的类型

问题类型	问题特征	若干后果
方向	学生不清楚目标是什么	学生只能猜测教师的意图
评价	学生不了解评价的过程	使用不公正的测验和评价的程序，学生感到不满意，参与测验很勉强
内容和序列	学习内容被遗漏，诱导练习等学习结构把握不当，顺序错乱	使人感到学习内容步骤混乱，缺乏针对性，甚至出现运动损伤
方法	激励与推动学习的条件不良	学生没有学习的积极性，不想学，甚至厌学
约束条件	教学技能，学生能力及学校的资源等方面因素都被忽略或利用不足	没有合理利用教学资源，教学效率低、效果差

（一）确定学习目标

教学目的是指对教学结果（Outcome）的一般性说明。学习目标是指对教学结束之后学习者的预期行为的描述。例如，教学目的是提高篮球比赛中罚球命中率。学习目标是在比赛中罚球命中率达到40%。

学习目标应发挥的三种功能：一是为教师设计教学提供指导；二是提供评估学生成绩的标准；三是提供评价教学本身的标准。

学习目标包括行为和终点行为，其中：行为是指能够被观察或记录的业绩或活动，终点行为是指学习目标中说明教学结束之后的学生行为。多用行为动词来说明（见《课标》P8 学习目标行为动词概览与简要说明）。在不同的学习阶段，学习目标有递进关系，因此行为动词的描述也应有递进关系。

终点目标：多为整个单元的学习结果。

过渡目标：为了达成终点目标所必须学会的特定行为。

编写一般学习目标应以国家的《体育与健康》课程标准和学校、学生的实际为标准，同时，指出参照情境。参照情境包括学习的知识与技能在后续学习中具有功能，也指综合性的现实生活环境。说明这点对学生将课内所学的东西迁移到课外实际生活中和改善学习态度是有益的。

编写学习目标是根据国家的教学目标和参照情境转为学习目标。参照情境与学习目标一致是最理想的，但是由于各种约束条件很难一致，我们仅仅是要求尽可能一致。因此，我们应注意，确定与选拔最高层次的先决能力和最低能力，把其排序并用语言说明。例如：

对认知能力就应该用

记忆——转换——解释——应用——分析——综合

对运动技能就应该用

初步会做——初步掌握——发展与提高能力——掌握与运用

其目标结构包括：

学习目标的“条件”部分：影响业绩的有利方面和约束方面

学习目标的“标准”部分：选择最高标准和最低标准，并分等级

最低限度的业绩稳定性：指一项测验中涉及学生完成终点行为的次数及达到或超过标准的时间量。过度学习有利于保持和巩固稳定性。

（二）评价学习系统

评价是一个持续地收集信息和解释信息的过程，有助于对设计一个学习系统做出决定。评价的定义有三个重要含义：评价是一个全过程；评价是根据目标；评价要有准确而恰当的测量工具收集信息。

评价系统包括：初始条件——教学程序——终点目标

初始条件：学生的基本起点，起点技能是指学生应该在某个单元学习开始时应达到的目标；学生的不足；学生缺少的技能；应有何补救措施。

教学过程：学生的形成评价；学生的困难；调整哪个教学程序；教学时间如何合理运用；本学习系统学习效果。

终点目标与评价：对学习结果评价的解释一直是我们所忽视的。以往，我们的教师不是不解释就是解释不当。实践表明，适当的解释、科学的解释、教育性的解释可以激发学生学习的信心，端正学生学习的态度。在这一点上，我们应该关注教学内容及其程序、学生学习准备、学生的相对进步程度、教学对学生的影响而不是成绩本身、对改进教学有益的意见而不是抱怨等等。

在学习评价中我们应注意：良好的测验工具的重要性，包括测验效度、信度、客观性和区分度。效度是所测验的假定要测的东西。应注意测验应是目标规定的行为（业绩标准和稳定性标准）；应是要求的某一类别的行为。信度是指能够提供一致的量值。客观性是指两个或两个以上胜任的观察者能够独立地对学习者的测验业绩是否符合学习目标的标准达成一致。区分度是指：测验应难易适度，可以区分学生不同的学习水平。

评价应具有持续性，应注意充分、及时的反馈，师生是双向的。

评价教学结果的评分一般可以用分级制。

（三）任务说明

任务说明（Task Description）是通过分解终点目标为过渡目标，来说明一项任务是如何完成的手段。注重教什么和怎样教的问题。应注意其完整性、简单与明确、内在一致性。

典型的任务说明包括：认知因素（判断、分析决定等）；社会互动因素（交谈、讨论、询问、倾听）；程序因素（操作过程）和身体因素（运动等）。

行为任务（Action Task）：是指某个人对另外的人或事物采取的行动。其四个要素是：指导行动的信息；行为动词及步骤；行动人或物；行为反馈信息。行为任务可以是固定顺序，也可以是可变顺序。固定顺序可以是直线型，也可以是分叉型。

行为目标与行为任务的关系是终点与过程的关系，它们相互紧密联系。

任务说明应对学生的起点行为、生理成熟、认知发展、心理能力与倾向的特点，学习品质等学习类型进行深入分析。这种分析有利于为学习系统指定合理的具体目标。

（四）动作技能学习

动作技能学习是成功地完成某项动作任务的一组肌肉协调动作。

在动作技能学习中，学习前、练习中和练习后的信息同样是重要的。在技能学习初期，其教学策略是提出明确目标；从能达到的水平开始；通过演示或视听先使学生了解总体；讲解明晰，不可冗长；过程评价与指导。在技能教学后期，反馈和结果知识对正确强化十分重要，是塑造学生行为“达标”的重要手段。

在技能学习中，练习的步骤同样重要。练习的步骤指对怎样练作出的决定。怎样练应注意整体与部分的关系，复杂练习可以分解练习；部分练习的次数；技能练习的情境。如果分成若干次练习，集中练习可以收到较好的即时效果，但是保持不长，容易引起厌倦，采用时间间隔的分散练习较好；心理练习（Mental Practice）当前认为是十分有益的。

（五）健康体能锻炼

健康体能锻炼是达成健康第一目标的重要手段，也是体育教学的重要内容。在当前的健康体能锻炼教学中，学会锻炼方法，学会体质健康标准的自检，在高年级学会指导他人锻炼成为学习的具体目标。当然，这也应该是学习系统设计中的重要内容。

第二部分 体育与健康课程教案的理论与实践

理 论 篇

一、教案的功能与特点

教案又称课时教学计划，它是根据学期教学工作和单元教学工作计划，针对授课班级的具体情况而编写的每次课的具体执行计划。①教案也是在教学设计的基础上，体现教师的教学观念、教学方法和组织策略及手段等。教案设计的成功与否，直接影响着课堂教学效果的好坏。同时，教案也反映了教师的业务水平、教学技巧和创新思维的能力。编写教案应在了解学生情况、钻研教材教法和掌握教学条件的基础上进行的创造性活动。

体育课教案有两种类型，即实践课教案与理论课教案。由于体育学科自身的特点，实践课教案在实际教学中的使用频率往往高于理论课教案，因此本书主要介绍实践课教案。

（一）传统的教案（课时计划）

最典型的传统课时教学计划产生于20世纪50年代。当时我国的整个体育教学体系主要是照搬苏联的模式，课时计划也是沿袭了苏联的传统形式，而且，这种苏联式的教案在我国的学校体育中几乎应用了几十年。随着社会发展的需要和体育教育改革的进展，传统的课时

① 金钦昌. 学校体育学. 北京：高等教育出版社，1994年第1版：187

计划已经出现了不适应新的教学理念、新的教学方式等方面的弊端。不少专家、学者和一线体育教师试图在传统教案形式的基础上对其加以修改和完善，但是由于体育教学大纲基本上一直沿袭了20世纪50年代以来以传授运动技术为主的思想，因此，传统教案的格式很难有大的突破。近年来，随着素质教育和“健康第一”的指导思想在学校教育和学校体育中的贯彻落实，有一些优秀的体育教师设计了一些新的教案形式，其格式和对学习内容处理方面都有新意。同时，我们还看到，不少教师的教案始终没有突破四段或三段划分的格局，仍以传统教案形式为主，机械地分为开始部分、准备部分、基本部分和结束部分的形式。

（二）新课程标准下的优秀教案

1.《体育与健康》课程标准（以下简称《标准》）主要特点

（1）以促进学生身体、心理和社会适应能力整体健康水平的提高为目标，融合生理、心理、卫生保健、环境、社会、安全、营养等学科的有关知识，关注学生的健康意识和良好生活方式的形成，强调将增进学生的健康贯穿于课程实施的全过程。

（2）教学目标的确定、教学内容的选择和教学方法的更新，都注重加强课程与学生生活经验的联系，激发和保持学生的运动兴趣，使学生自觉、积极地进行体育锻炼，培养学生终身体育的意识和能力。

（3）体育与健康课程十分关注满足学生的需要和重视学生的情感体验。在教学活动中注意发挥教师主导作用的同时，特别强调确立学生学习的主体地位，充分发挥学生的学习积极性和学习潜能，把学生的学习过程变成主动构建体育与健康知识、技能和提高体育学习能力的过程。

（4）根据学生在性别、身体条件、兴趣爱好和运动技能等方面的个体差异，确定学习的目标、内容、方法和评价手段，并提出相应的教学建议，保证绝大多数学生能完成课程学习目标，使每个学生都能体验到学习和成功的乐趣，满足学生自我发展的需要。

2. 依据新《标准》撰写教案应具备的特点

（1）要确立每堂课明确而又具体的学习目标；

（2）内容的选择和组织教学能有效地促进学生达成本次课的学习目标；

（3）重视通过多种手段和方法激发学生对体育学习和活动的兴趣，活跃课堂气氛，从而使学生在愉快的体验中获得知识和技能；

（4）各项活动的时间不要安排得过死，要有一定的灵活性；

（5）教案力求简单明了，使教师有更多的时间考虑创造性的教学；

（6）要给学生布置课外体育活动的作业，促使学生逐步养成坚持体育锻炼的习惯；

（7）教案可以采用电脑备课的方式，这不仅便于修改，更便于网上交流。

总之，新的教案应该具有开放性、灵活性、个性化。教案的编写不必强调统一的格式，应根据学校、班级和学生的情况制订富有个性和特色的教案，其好坏主要不是体现在格式上，而是体现在学生的学习效果上（见实践课教案1～2）。实践课教案3～5也是几种不同的教案格式，仅给教师提供一个思路，教师完全可以设计出其他更好的、适合自己教学的教案。

二、教案的基本概念群

（一）教案中与《标准》有关的基本概念①

1. 体育与健康课程

体育与健康课程是一门以身体练习为主要手段，以增进中小学学生健康为主要目的的必修课程。它是对原有的体育课程进行深化改革，突出健康目标的一门课程。它是学校课程体系的重要组成部分，是实施素质教育和培养德、智、体、美全面发展人才必不可少的重要

① 教育部基础教育司.《体育（与健康）课程标准解读》. 湖北教育出版社，2001

途径。

2. 体　育

体育包括两层含义：一是指以身体练习为基本手段，结合日光、空气、水等自然因素和卫生措施，达到增强体能、增进健康、丰富社会文化娱乐生活为目的的一种社会活动。体育对促进身体的正常发育和发展、提高心理健康水平、增强社会适应能力、培养全面发展的人才具有重要的作用。二是指在学校教育环境中，指导学生学习和掌握体育的基本知识和技能，使他们形成体育锻炼意识，提高体育活动能力，增进健康的教育活动。体育既是教育的有效手段，又是教育的重要内容。

3. 健　康

健康是指个体在身体、心理和社会各方面都处于完美状态。健康不仅仅是没有疾病和不虚弱，一个人只有在身体、心理和社会适应方面保持良好的状态，才算得上真正的健康。体育是促进健康的重要手段。

4. 身体健康

身体健康是指个体处于体能良好、机能正常、精力充沛的状态。作为学习领域的身体健康，要求学生了解与运动有关的营养、环境、卫生保健等知识，发展体能，提高身体健康水平。

5. 心理健康

心理健康包括两层含义：一是指心理健康状态。个体处于这种状态时，不仅自我感觉良好，而且与社会处于和谐的状态；二是指维持心理健康、减少行为问题和精神疾病的原则和措施。体育活动对促进人的心理健康具有积极的影响作用。作为学习领域的心理健康，要求学生学会通过体育活动调节情绪状态，增强自尊和自信，形成坚强的意志品质。

6. 社会适应

社会适应是指个体为了适应社会生活环境而调整自己的行为习惯或态度的过程。在社会生活中，每一个个体都有自己独特的为人处世、待人接物的方式，都有人际交往、合作、友情、尊重、名誉及取得成就的愿望和需要。所有这些需要的满足，都依赖于个体的社会适应，同时，它们又能促进个体的社会适应。个体的社会适应包括一系列自主的适应性行为，通常表现为顺应、自制、同化、遵从、服从等具体的顺应方式。经常参加体育活动的人，其社会适应能力会提高。作为学习领域的社会适应，要求学生培养良好的合作和竞争意识，形成和谐的人际关系，学会获取现代社会中体育与健康知识的方法。

7. 运动参与

运动参与是指学生主动参与体育活动的态度与行为表现。经常参与体育活动的学生，可以培养和发展对运动的兴趣和爱好，养成体育锻炼的习惯，使体育活动成为生活中的重要组成部分。作为学习领域的运动参与，要求学生具有积极参与体育活动的态度和行为，掌握科学健身的知识与方法，养成坚持体育锻炼的习惯。

8. 运动技能

运动技能指在体育运动中有效完成专门动作的能力，包括神经系统调节下不同肌肉群协调工作的能力。作为学习领域的运动技能，要求学生学习、掌握和运用基本的运动知识和技能，形成一定的运动特长，为终身体育奠定良好的基础。

9. 体　能

体能是指人体各器官系统的机能在身体活动中表现出来的能力。体能包括与健康有关的体能和与运动技能有关的体能。前者包括心肺耐力、柔韧性、肌肉力量、肌肉耐力、身体成分等；后者包括从事运动所需要的速度、力量、灵敏性、协调性、平衡、反应等。其中一些体能成分既是与健康相关的体能，又是提高运动技能所需要的体能。

10. 学习领域

学习领域是指在体育与健康课程中，按学习内容性质的不同划分的学习范畴。《体育与健康课程标准》中将学习内容划分为五个领域：运动参与、运动技能、身体健康、心理健康和社会适应。

11. 领域目标

领域目标是指期望学生在特定学习领域达到的学习结果。课程目标通过各个领域目标的达成而实现。

12. 水平目标

水平目标是指在各个学习领域中不同阶段学生预期达到的学习结果。《标准》根据学生的身心发展特征和学习内容的特点，设立了六个学习水平，每个学习水平都设立了明确的学习目标。领域目标是通过水平目标的达成而一步一步实现的。

（二）编写教案的基本术语

设计和书写体育课教案一般都需要运用一系列术语。这些术语对正确表达课程的设计思想，正确表达体育教学的概念、简化教案的书写具有重要意义。下面将主要术语的概念及其表达的要求进行初步讨论。

1. 体育课的目标

体育课的目标是指一节体育课要达到的具体目标。体育课的目标一般在教案的开头部分书写，它是指导一节体育课的基本思想。体育课目标的制定应做到全面、恰当和具体。

（1）全面。这里的全面一般指围绕《标准》的五个领域来制定教学目标。这里包括运动参与、身体健康、运动技能、心理健康和社会适应。当然，作为具体的一节课，不一定面面俱到，但是应尽可能地全面。在这里值得一提的是，每一节体育课，都应该有重点目标，都应该有基本目标。这里的重点目标是一节体育课完成的主要目标，这里的基本目标是指体现体育教学特点的目标，即增强体质的目标，否则体育课将不是体育课，而成为“放羊课”。

（2）恰当。这里的恰当是指对实现不同的教学目标的程度的描述应使用的一系列术语。例如，对学习新教材的描述一般使用“学习、初步掌握、建立、概念”等术语。这里的“学习”“初步掌握”的含义是指学生基本完成了对技术学习的泛化期的过渡。对复习旧教材的描述一般使用“复习、改进、提高、进一步提高”等术语。这里的“复习”“改进”的基本含义是指学生初步完成了技术学习的分化期的过渡。“提高”“进一步提高”的基本含义是指学生基本完成了对技术学习向熟练掌握的过渡。对发展学生身体素质和提高身体机能方面的描述一般使用“发展、增强、提高、促进”等术语。对思想品德方面的描述一般使用“培养、加强、发扬、调动”等术语。

(3) 具体。这里的具体是指本次课要实现的教学目标应通过明确的手段来实现，并且这个目标是具有本次课的特点、可实现和表现的目标。例如，通过仰卧起坐增强学生腹部肌肉的力量；通过老鹰抓小鸡的游戏培养学生团结友爱的精神；通过助跑与踏跳的练习使学生初步掌握助跑与踏跳衔接的技术。当然，如果能把目标的量化制订到“100 米跑有 85% 的学生达标”这样具体就更好了。

2. 动作要领

动作要领指身体练习的技术基础。它包括身体练习的主要环节及其动作顺序。在体育课教案中，对新教材技术的描述用动作要领的概念。这种描述是比较细致的。

与动作要领比较接近的概念是动作要点（或称技术要点）。它是指对动作要领的简洁描述。在体育课的教案中，对复习教材的技术描述多用动作要点的概念，这种描述比较简单，它常常用技术口诀的形式表达。

3. 重　点

体育课教案中有两个重点。

(1) 教材重点。它是指身体练习的主要部分，即某一个身体练习的技术关键或技术环节的重要连接部分。教材的重点是客观的，它不以学习对象的不同而改变。例如，跳远教材的重点就是助跑与起跳的结合。

(2) 体育课的重点。它是指一节课通过学习主要教材而达成的主要目标。一般而言，短短的一节体育课不可能面面俱到地完成所有的体育教学任务，它仅是学期或单元教学计划的有机组成部分之一。因此，一节体育课应该有一个重点。在中小学体育教学中，体育课的重点一般是指新、难、险的教材及其要达到的目标。

4. 难　点

教材的难点是指学生对某教材在技术上不易掌握的部分。教材的难点具有主观性，它不仅与教材有关，更与教学对象的学习能力、身体素质等有关。例如，跳远教材从难点的角度出发，有些人可能是助跑与起跳的结合（从这一点上看，教材的重点和难点是一致的）掌握不好，从而影响了整体技术的提高，也有些人可能是助跑步点不准确，腾空时不平衡甚至前倾，落地时小腿不能前伸等。总之，教材的难点是因人、因时而异的。

5. 一般性练习

一般性练习是指为了全面发展学生的身体或充分调动学生各器官系统机能的能力，使之进入良好的工作状态而进行的准备性活动。一般性练习多用于一般性准备活动和课课练的教学活动。

6. 专门性练习

专门性练习是指为了学习某项基本技术而选用的身体练习。它包括诱导性练习、辅助性练习。专门性练习多用于专门性准备活动。诱导性练习是指为了帮助学生掌握较难动作而采取的技术结构与所学身体练习相似、技术又较简单的练习。这种练习多是通过调整身体练习的要素，降低所学身体练习的难度，从而有利于学生较快、较顺利地学习运动技术。辅助性练习是指为了帮助学生掌握动作而采取的相关身体素质练习。学生进行这种练习多是因为他们专门的身体素质储备不足，从而影响顺利学习某项技术。辅助性练习应该在学习某项技术之前一段时间进行，不一定临时安排，因为人的某方面的身体素质的储备需要一定的时间。

7. 教学组织

教学组织是指教学分组和分组教学、基本练习队形及调动、体育器材的摆放及教师指挥与示范的位置（与学生的距离与角度）等。在体育教学的教案中，教学组织可以用图或者符号表示，这样可以使教案简明一些。

8. 教法步骤

教法步骤在教科书中没有明确的定义。它实际上是教学方法和教学步骤的复合词，是指教、学、练的有机结合及其有序过程。例如，学习肩肘倒立，首先是讲解内容，包括动作要领（直腿坐开始，后倒同时向上举腿伸髋，两臂用力压垫，在上伸接近最高点时，两手撑腰背，同时两肘内夹）和重点（举腿、伸髋、压垫）、难点（展髋、夹肘）及保护与帮助（保护者站在学生侧后方，在其后倒举腿时，轻扶两腿顺势上提）。其次是示范，若初为人师，应注明示范的面和方向。最后是练习，练习的步骤是直腿坐—后倒举腿、翻臂、两臂压垫—稍停，稳定重心并向上伸腿、展髋—撑腰夹肘—在帮助下直接练习。

9. **要　求**

体育课教案中的要求是指教师对学生提出的基本愿望和条件。它包括教学过程中教师对技术（节奏）规格（标准）、教学组织（包括思想品德和个性培养）及保护和帮助（站位、部位、用力、时机）等的要求。在教案中，一般在教法之后提出要求，有时也可以分别对每一次练习或组织提出要求。对比赛和游戏，教师习惯用“规则”一词代替“要求”一词进行描述。

三、体育课的设计

教师在编写教案之前一般应有课的设计。体育课的设计是通过系统科学的方法，按照一般课的设计的要求，确定体育教学的目标、策略、教学方法和步骤，并对教学结果做出评价的计划过程。体育课设计的三个基本要素为：设定明确而具体的教学目标；选择达到教学目标的教学策略；选择获得教学效果的信息的方法。在备课过程中，应明确本节课的指导思想和教学主题，对整个教学过程及其各个环节、各个步骤及教法进行认真的研究，拟定出比较详细的课的实施构想。

根据课的设计的基本思想和模式，结合体育教学的特点，我们的体育课设计的基本内容主要包括以下几方面的内容。

（一）确定课的教学目标、重点和难点

教学目标的设定应包括运动参与领域、身体发展领域、技能学习领域、情感领域和社会适应领域。教学目标的编写应尽可能采用可观察、可测量和可操作的行为动词来表述。

（二）设计教学导入

教学导入的目的是在课开始时教师利用导入技能为学生创造一个良好的学习情境，尤其是创造出学生学习的良好心理状态和环境氛围，唤起学生的学习动机。当学生学习的心理环境发生改变时，教师在教学中所采取的教学策略、教学方法和行为、组织形式等才能产生积极的作用。①

（三）合理安排教学步骤

在安排教学步骤时，首先要确定学生的起点状态，包括学生的原有知识、技能水平和学习动机强度等。在此基础上，分析学生从起点状态过渡到终点状态（达到教学目标）的知识技能传授应分几步来完成，每一个教学步骤对实现教学目标的作用是什么、它们之间的逻辑关系是什么。教学步骤安排是否合理，应以是否能够帮助学生达到教学目标为依据。

（四）选择适当的教学方法和教学手段（教具等）

教师的教学方法和教学手段的选择，应根据课的类型和教学内容的特点，采用便于学生理解和熟练掌握的形式进行教学。

（五）教学评价

教学评价是课后分析教学的第一手资料。教师应在教学的最后给学生提供一个表述教学目标是否实现或实现程度的机会。教学评价可以通过时间、距离、远度、高度、次数、百分比、失误率、回答问题、阐述问题等形式来进行。② 教学评价的主要目的就是检查教学目标设定是否合理、教学步骤安排是否超出了学生的实际接受能力、传授或呈现教材的方法是否便于学生的理解和记忆等，找出教学中存在

① 王皋华．体育新课程设计．北京：高等教育出版社，2003年8月第1版：117

② 王皋华．体育新课程设计．北京：高等教育出版社，2003年8月第1版：117

问题的根源，确定纠正和改进的方法。教学评价不仅为教师提高教学技能和教学水平提供了可能性，同时也促进了教师间的相互学习和师生之间教与学的交流反馈。

（六）拟订辅助性教学措施

课的设计的总体要求是：吃透两头（教材与学生的实际情况），把握目的（学科教学、单元教学和本次课的教学目标），抓住重点，剖析难点，筛选教法，精心安排。

总之，课的设计应能够充分反映《标准》的指导思想，体现现代课程与教学设计中“以人为本”的学生发展理念。在课的设计中应体现教学过程中学生的主体作用如何得到发挥。因此，课的设计从教学目标的设定到教学策略的选择，都应以学生实际的身心素质条件为依据，在教学过程中始终以帮助学生达成预定的发展目标而展开，避免以教师为中心、以教材为中心的“填鸭式”教学。

四、体育课教案及其基本形式

教案是教师备课的重要形式之一，是对体育课设计的详细描述，是教师备课的落脚点和上课的出发点，是上好一堂课的重要保证。据了解，有部分体育教师编写教案的水平不能很快地适应学校体育的教学要求，存在着一些问题。其原因之一是教案格式本身不够完善。我国传统式教案格式不能达到全面贯彻和落实学校体育教学的任务，过于笼统，填写内容不明确，导致部分体育教师的教案编写达不到要求。尤其对没有教学经验的年轻教师来说，教案格式没有起到引导的作用，影响了备课质量。因此，对传统的教案格式进行一些必要的修改并加以完善，势在必行。

在研究过程中，本书收集了国内多种不同格式的教案，并对其进行了整理和简析。目的是为了取其精华、为我所用，以便推荐一些全面实现体育教学目标，有利于提高备课质量的教案格式，更好地为提高体育教学质量服务。对广大体育教师的教学工作来说，也有一定的参考作用。

（一）对我国体育课教案的基本分析

我国体育教学教案的基本格式主要有：表格式教案、顺序式教案、卡片式教案等。目前较普遍运用的是传统的表格式教案。表格式教案主要以双栏式表格为主。这种教案的主要优点是概括性比较好，整个教学过程比较清楚，但也存在不易实现五个领域目标的问题。

传统的表格式教案具有以下特点：

1. 可以促使教师比较认真而周密地备好每一堂课

格式本身要求编写者必须深入地钻研教材、理解教材，这对备好课起着良好的作用。

2. 有利于比较全面完成教学和教育目标

体育课完成技术教学，提高身体素质和运动能力的目标是不容置疑的，但为使教育任务得以具体贯彻落实，就要在教案中设置教育措施一栏，促使教师在整个教学过程中，根据教材的性质和组织教法特点，拟定有关的教育措施，使之与教学工作有机地结合起来。

3. 可以不断地对课进行自我评价，不断提高课的质量

教案格式中对课的效果、密度和心率曲线的几个预计，就是在这方面提出的要求。教案的格式既包含有定性的内容，又包含有定量的内容，使教师对每一项教材和每一堂课都做到心中有数。

4. 注重场地和器材的合理使用和课堂组织工作

在教案中加入场地布置一栏，就是要达到这个目的。由于我国中小学的每班学生人数很多，而体育场地设施的条件又较差，因此，如何更好地利用场地上好课便成了重要方面。这应是场地不足的学校的教师在备课中需要重视的问题，也是场地条件较好的学校的教师在严密课的组织和提高教学水平方面不容忽视的问题。

5. 注重纠正错误与提高教育质量

在实际教学中，发现不了学生的错误动作，或是看到错误不知如何纠正，这是影响当前教学质量的一个较普遍的问题。其主要原因是对教材、教法钻研不够。易犯错误与纠正方法是一种综合教法，它针对学生练习中的错误，采用相应的教法加以纠正，以便正确掌握动作。因此，在教案设计中把纠正错误列为教案内容之一，从而促使教师在备课中更好地结合学生的实际问题，认真钻研教材、教法，有助于提高教学质量和教学效益。

（二）我国体育课教案的改革趋势

1. 教案的格式向着越来越简单化的方向发展。如唐山市某中学的教案，这种格式具有一定的广泛性。

2. 对自我评价和对教学效果的预计日趋重视。如上海某小学和台湾地区的教案格式中，都有自我评价的内容。

3. 注重从学生的生理和心理的角度来组织教学。如天津市某中学的教案，在课的安排上突出这一特点来编写教案。

4. 教案格式体现教与学双方的交流活动，使体育教学的组织更趋向合理和全面。整个教案囊括了为什么教（实现目标）、教什么（学习内容）、怎么教（教的活动、学的活动）、教学效果（检查与评价）等方面。如沈阳市某中学的教案。

5. 注重场地布置，加强教学组织工作的准备。以九江市某中学为代表的一部分教案格式，在布置场地上就有一定的要求。

五、编写教案的基本要求

（一）编写实践课教案的基本要求

1. 实践课教案的主要内容

实践课教案的主要内容包括：课时教学目标、教学内容、组织教法、学法设计、课的各部分实践和各项内容的教学时间预算、场地器材、教育与教学措施、课后小节等方面。编写教案的基本要求现归纳如下：

体育课的教学目标要明确、具体，教材选择要符合学生的实际情况和教学的具体条件，教学重点要突出，教学组织要合理，教学方法要与学生的学习方法相结合，教学手段要多样，运动负荷要适当，场地布置要合理，教案的文字表达要简练，教学思想要符合时代的发展。

2. 实践课教案的形式

实践课教案有多种形式，但是在实践中用得较多的形式还是表格式教案。下面提出表格式教案（双栏式）处理较好的几个关系和基本要求。

（1）左右关系

表格式教案一般分左右两部分。

表格式教案的左边是教学内容，主要写学生学习什么或教师教什么的问题。在课的准备部分，教师应依次填写课堂常规、一般性准备活动和专门性准备活动的内容。在课的基本部分，教师应依次填写动作名称、动作要领、重点、难点、保护与帮助等。在课的结束部分，教师应依次填写放松整理的内容、小结的内容等。如果安排游戏和比赛的教学内容，应写明游戏和比赛的方法。

表格式教案的右边是组织教法（这个词是一个复合词，不是规范的用法，其基本意思是组织与教法）。教师在这一栏主要填写学生怎样学习或教师怎样教的问题。在教案的右边，一般应对应左边学习的内容，依次填写教学组织、教法步骤、要求、易犯错误及纠正方法等。对游戏和比赛，应写明规则和要求。

在三栏式或四栏式教案中，我们的教师常常把双栏式教案中的学法和教育要求等单独列出一栏。

（2）上下关系

在表格式教案中，上下关系指对内容的书写应有一个顺序。一般的顺序为：表头、目标、课的重点、开始部分、准备部分、基本部分、结束部分、课后小结、场地器材布置、密度负荷预计。对左侧基本部分的教学内容，一般是按顺序书写身体练习的名称、动作要领、重点、难点、保护与帮助；对右侧基本部分的组织教法，一般应按顺序书写组织、教法步骤、要求等内容。

（3）对应关系

在表格式教案中，左右两栏填写的内容有一种对应关系，即右边的内容总是对应左边的内容。以基本部分为例，左边有一个学习教材，右边就有组织、教法步骤和要求与其对应，并且右边“组织”一词与左边“动作要领”一词书写的高度一致。表示这个“组织”仅是对左边一个教材而言的。如果基本部分的“组织”是分组轮换，这个“组织”就应写在比第一个教材高的位置上，表示这个“组织”是对两个教材而言的。

（4）粗细关系

教师书写教案的内容应处理好粗与细的关系。对不同类型的课，对粗与细有不同的要求。新授课的教案一般写得较细致（对新学动作应写明动作要领），复习课的教案书写相对较粗（例如，推铅球的最后用力可以写动作要点，即蹬、转、撑、送、挺、推、拨7个字）。

对新教师，我们的要求是尽可能把教案写得细一些。在练习时间与次数一栏，应分别写明讲解的次数、示范的次数和示范的面、教法步骤中每一步的练习次数与组数等。

（二）体育理论知识课教案

体育理论知识课是体育课程中一种重要的教学形式。这种教学形式与一般学科的教学课一样，必须有教案。体育理论知识课的教案，从整体上讲应有教学设计、简案（提纲）和详案（讲稿）之分，一般应写出教学设计和详案（讲稿）。

1. 教学设计

体育理论知识课的教学设计是教师对课的特点、重点、学生情况、教学策略等的简要分析和说明。其教学过程与实践课的教学过程不太一样，它把课的过程分为导入部分、展开部分和结束部分。体育理论知识课的主要内容有：教学目标、教学内容、课时安排、教学重点、教学方法、思考与作业等。教学设计应明确目的、突出重点、有张有弛、逻辑性强。在教学设计中应把先讲什么、后讲什么、怎样讲、怎样提问、怎样练习及讲、练、思的时间分配、相关的作业和检查等进行系统的安排。

2. 理论课教案的格式

体育理论知识课的教案是教、学、思、讨及教学内容等方面在时间上有序展开过程的书面形式。其格式从形式上可以分为顺序式和表格式，从逻辑上可以分为对比式、框图式、树枝式等。

3. 导　语

导语是理论课教学必不可少的一个环节，导语设计得好坏直接影响教学的整体质量，同时关系一名教师的威信。导语的设计有不同的形式，常用的有交代背景式、讲述故事式、介绍名人式、以旧带新式、音像图示式、巧解题目式等。体育理论课导语要求有鲜明的目的性、内容的准确性、强烈的情感性和方法的灵活性。

教案是在上课前对教学的模拟设计，其根本目的是为上好课服务。但在实际上课的过程中，不论是理论课，还是实践课，都会出现许多不确定性因素。教师应根据教学的实际情况，做出适当的调整。在教学中，教师不能因为有教案在先就必须照本宣科，不考虑实际教学中发生的新情况；更不能因为在实际课堂教学中出现了教案中未曾预料的情况，就把因地制宜和因材施教的灵活性看作是否定教案作用的理由。当然，一份好的教案，在教学中应不会做大的调整。

六、教案与单元教学计划

（一）单元教学计划

1. 单元教学

单元教学是课的上位概念，即单元教学是由课组成的。若干节体育课组成了一个单元教学。如果一节课中出现了两种教材，一般归纳到一单元之中组成复合单元。若干节体育课所以能形成一个独立的教学单元，是因为这几节课具有内在的联系，形成了一个有机的教学整体，其教学内容及业绩合成了一个统一的板块。因此，一个教学单元是一个完整的教学过程。一个教学单元中的每节课一般应是连续的，如果一个单元的各节体育课分散在学年或学期的各个阶段上，就失去了单元作为整体性的意义，在教学中就难以组织和安排。例如，在初中三年级的上学期，可以用10周的时间对男生进行足球项目的基本技术教学，这样的安排可以使学生对足球运动有一个比较完整的认识。

2. 单元的分类

作为一个相对独立的教学过程的整体，教学单元的存在有着不同的前提依据。凡是以教材为依据划分的单元，有人称之为课题单元或生活单元。如日本在战后，课题单元和生活单元往往出现在某一个历史阶段或某几种模式的体育课程之中。直至1958年，当时认为生活的课题就是学习的课题，因此，课题单元或生活单元在宣传方面是有市场的，但作为教师往往还是习惯实施教材单元。又如，美国体育课中的社会责任和学习联合两种模式，联邦德国的体育与参与模式，俄罗斯的形成性教学大纲。

作为教材单元，按其教材的组成不同，又可分为单一教材单元和复合教材单元两种。单一教材单元是指一个教学单元以一个运动项目为主组成的，如篮球教学单元；复合教材单元是指一个教学单元由几个运动项目组成的，如把篮球和单杠共同组成一个复合教材单元。

3. 课的教学与单元教学的相互关系

单元是由若干节课组成的相对独立的一个教学单位，如果课与课之间不能连续，不能称之为一个单元；如果一节课中有两种教材，也不应把它们分属到两个不同的教学单元中去。这是因为课是组成教学单元的基本单位。

（1）单元分类与课的教学分组的关系。单元按其性质可分为教材单元和生活单元。按不同单元性质进行单元教学时，一般与课的教学分组有一定的对应关系。同时，采用何种分组形式来展开单元教学，需要考虑学生的实际情况和教学的实际需要。

（2）教材单元的教材组合①。在日本，复合教材单元一般在小学阶段采用。假设一个教学单元由8节体育课组成，它由跳箱、手球投

① 顾渊彦著. 体育课程的约束力与灵活性. 北京：人民体育出版社，2002年1月第1版：150

掷和单杠三项教材组合而成，即可以在一堂课中出现若干教材，增加变化而提高学生兴趣，同时可以考虑通过教材搭配，全面影响儿童少年身心，这是符合儿童少年身心特征的教学单元安排。在日本的中学阶段，以及美、德、俄等国开展竞技体育模式的体育课时，一般采用单一教材单元，这种单元的教学时数更长一些，一般在 8 课时以上，有时甚至达到一个学期。单一教材单元有利于学生集中精力学好一种项目的技术，甚至在掌握技术的基础上了解战术和比赛规则。在这里说的单一教材单元是针对学生而言的。如日本必修课上选择教材，有三位教师上三个班，开设的是三个项目，但分成三个班后，每位教师在一个教学单元中只教一项，每个学生也只学一项。作为一个教材单元，也存在教材组合问题。如日本规定发展身体的各种练习作为必修教学内容，它实际上是为了实现全面发展身体的目的。徒手操、实用性练习、手球投掷、各种跑步、跳跃练习、球类游戏均可以作为单一教材单元的搭配练习，既可以作为准备活动、放松活动，也可以作为课的基本部分的活动内容。

（3）课的教学时数与教学单元的大小。教学单元应由几节课组成。这与教材的性质和难易程度有关，也与学生的学习基础、身体条件有关。但是，既然是一个完整的教学过程，那么单元就不能太小，像我国旧大纲内容过多，分配到一个项目中的课时过少，教师只能采用小单元教学，这不利于提高教学质量。在中学阶段的单一教材单元中，学习的项目是一项，但出现的技术动作也不能太少，使学习过程形成一个系列组合，从而改变小单元学习单个动作的方法。因为，系列动作组合有利于向学生提供更多的学习内容和不断超越的学习目标。

小学阶段体育课单元教学中应采用两项或两项以上内容同时教学的方式，以利于学生打好体能和技能基础。初中阶段体育与健康课教学，可采用单一教学单元进行教学，即一个单元一个教学内容。这样有利于集中时间使学生掌握运动技能，发展学生的身体，提高学生学习的兴趣。高中阶段体育与健康课单元教学时数可更长一些，如选项课可以半学期或一个学期为一个教学单元，也可考虑按校运动会或校内联赛的周期来安排教学。

4. 单元教学计划

在中学体育教学中，特别是在高中阶段的教学中，单元教学普遍被采用。教师应关注：一是本单元的内容计划，二是与整个学期或学年的教学计划之间的协调。在20世纪末的学校体育教学中，许多学校的单元教学计划的安排，见表4。

由于传统的习惯，以往的做法是对每节体育课必须安排两项以上的教材来“达到发展学生体质”的目的，两项辅助教材所起的作用是上、下肢运动的搭配，全面发展学生的身体。从表4可以看出，在一个单元中，主教材所能占的教学时数最多只有50%。因此，这样的单元教学安排，对学习主教材的效率是不高的。但是，即使是这样的教学效率，还是有许多教师愿意采用，说明单元教学具有一定的实际价值，且易于教学的安排。

单元教学的核心是技术的传授。在传统的体育教学过程中，教材是按照技术项目来分类的，因此，在进行教学安排时，首先考虑的是技术项目内容的传授与达标。在实际操作中也确实如此，一个单元中的主教材内容是按技术内容的系统来安排的。

从表5可以看出，主教材是一个较完整的系统教学内容体系，有基本技术的传授、有教学比赛的安排、有考核的内容；而辅助教材与身体素质练习仅起搭配作用。

在20世纪末的体育教学中，单元教学对体育教学改革起了很大的推进作用。因为它首先确立了教学必须符合人对事物的认识规律，符合运动技能的形成规律，打破了苏联式的教学安排方式。从实际教学效果来看，学生掌握运动技术、技能的程度比较高。同时，由于单元教学的安排，教师在教学中对学生的接受能力、熟练程度及目标达成度都有了比较完整的认识，也就是我们平时所说的信息反馈比较及时，更便于今后教学计划的调整与实施。

表4　单元教学计划安排

内容与课时分配	主教材	辅助教材	辅助练习	身体素质	技评与考核
课时数	10	2.5	2.5	2.5	2.5
百分比/%	50.0	12.5	12.5	12.5	12.5

表5　初二年级篮球教学单元①

周次	主教材	辅助教材与其他
一	曲线运球、行进间运球高手投篮	实心球抛掷
二	两人行进间传球推进、行进间运球高手投篮	以引体向上为主的各种力量练习
三	定位投篮、半场篮球比赛	以仰卧起坐为主的各种力量练习
四	曲线运球往返、跳起单手肩上投篮	50米快速跑
五	三对三篮球比赛	实心球抛掷
六	1分钟半场往返运球上篮	以双臂屈伸为主的各种力量练习
七	1分钟篮下投篮	立定跳远
八	全场五对五教学比赛	往返运球上篮考核
九	罚球线定位投篮	耐久跑
十	三对三半场擂台赛	篮下1分钟投篮考核与定位投篮考核

（二）新课标对单元教学计划及教案的要求

《标准》根据学生身心发展特征，结合课程特点构建了五个学习领域、六个层次的课程目标体系，包括运动参与、运动技能、身体健

① 季浏．体育与健康课程标准解读．武汉：湖北教育出版社，2001年．第1版

康、心理健康、社会适应五个学习领域目标。这些领域目标构成了不可分割的整体，充分体现了体育与健康课程以身体练习为主的特点和身体、心理、社会的三维健康观。《标准》以目标的达成统领教学内容和教学方法的选择。教师可以选择多种不同的内容、采用多种不同的形式和方法达成课程目标。

未来对体育课教案的改革将是建立在对传统教案反思的基础上。传统的教案实际上是注重教师的教，忽视学生的学；注重教师的组织，忽视学生的创造；注重技能掌握或体能提高（身体的全面发展），忽视学生三维健康观的实践与实现。传统教案的核心是教师对教材熟悉掌握的程度和教师的教学能力。在教案中没有体现学生的主体性，即学生只能按照教师所规定的教学内容去学习，学生的学习方式、学习效果和学习兴趣往往被忽视。教师也只关心学生学会了多少和有多少人学会了某项技术动作、是否达标。此外，由于传统的体育教学是以学生是否完成任务为依据的，实际上，学生的情感、意识和兴趣等教学目标形同虚设。如某节课的教学任务是完成50米快速跑三次，其中有一次是计时跑，教师只关心全体学生是否都参加了计时跑，有多少人达标，有多少人未达标。教案所提到的教学目标中“发展学生的速度素质；培养学生克服困难的勇气和毅力”等，就只剩下可以量化评价的计时跑一项实际的教学主要目标了。

当然，对所谓传统的体育课教案，我们应持一种“扬弃”的态度。毕竟多少年来，我们用所谓传统的体育课教案，也可以表达体育教学的“基本意图”，也教出了不少好的体育课。对实践《标准》“意图”的体育课教案应在所谓传统的体育课教案的基础上，“叠加”一些新的内容，最好设置一些对应的形式（空间）。这些形式有利于表达这些新的内容。

从这个角度讲，未来体育课教案将更多地关注如何设置学生的学习目标，重视学生对达成目标可能需要选取的学习内容和方法，强调教师如何去帮助学生实现学习目标。基于实现学习目标是一种连续的行为，因此，采取单元形式的备课教案将是行之有效的。所以，在教师编写教案时应考虑以下几个方面。

1. 根据学习目标选择和设计教学内容

《标准》构建了本课程的学习目标体系和评价原则，对完成课程目标必需的内容和方法提出了基本范围，各地、各校、教师和学生具有相当大的选择余地。由于《标准》对学生情意和健康方面的要求具体化，教师必须全面地学习和领会《标准》的精神，理解每个学习领域各水平目标及达到水平目标的学习要求，从地区、学校和学生的实际出发，以学生的发展需要为中心选择和设计教学内容。

2. 选择教学内容要考虑的因素

（1）符合学生身心发展、年龄和性别特征；

（2）运动形式活泼，激发学习兴趣；

（3）具有健身性、知识性、科学性和人文性；

（4）对增强体能、增进健康有较强的实效性；

（5）因地制宜，简便易行。

为了适应学生的身心特征，提高学生的学习兴趣，可以对一些竞技运动项目进行适当地改造，如简化规则、降低难度等。同时，也可以根据实际情况，在课堂教学中引入一些学生喜爱的新兴运动项目。在少数民族地区或其他有条件的地区，还应挑选、整理一些民族民间体育活动项目引入课堂教学，以增强学生对民族传统文化的了解程度和自豪感。

3. 在安排教学单元时，不能把五个学习领域割裂开来

在确定每一堂课的具体教学内容和目标时，应体现不同领域的要求，并根据教学内容的特点适当突出某些领域目标。在教学中，不仅要重视学生运动技能和知识的掌握，更要关注学生的心理发展和社会适应能力的提高，教师要创设专门的情境，以保证心理健康和社会适应学习目标的实现。

主要参考文献：

1. 季浏．体育与健康课程标准解读．武汉：湖北教育出版社，2001 年．第 1 版

2. 季浏等．体育教育展望．上海：华东师范大学出版社，2001 年 12 月．第

1 版

3. 金钦昌主编. 学校体育学. 北京：高等教育出版社，1994 年 6 月. 第 1 版

4. 顾渊彦著. 体育课程的约束力与灵活性. 人民体育出版社，2002 年 1 月. 第 1 版

5. 王皋华. 体育新课程设计. 高等教育出版社，2003 年 8 月. 第 1 版

理论课教案：《北京主办 2008 年奥运会，我为奥运做什么》

教学内容： 北京 2008 年奥运会

教学目的： 弘扬爱国主义精神，了解北京 2008 年奥运会的意义和奥林匹克运动的作用

课的类型： 理论课

课的设计：《北京主办 2008 年奥运会，我为奥运做什么》，从体育理论课的内容构思上主题鲜明：一方面鼓励高中学生作为课堂学习的主体积极主动地融入这节课学习和讨论的主题中；另一方面激发学生的爱国主义精神，踊跃为北京奥运会的主办贡献自己的一分力量。充分发挥教师主导、学生主体作用，启发学生创造性学习，通过提问和讨论等形式，使学生了解北京 2008 年奥运会的意义和奥林匹克运动的作用等方面的知识。

在课的组织方面，通过简短的引导式讲授，使学生对北京 2008 年奥运会有一个初步的印象；接下来学生在好奇、有趣味的心境中进入到讨论和课堂发言部分，通过创造自然、融洽、主动学习的氛围，使学生在无心理压力的情况下主动参与讨论和即兴发言，改变了体育理论课“满堂灌”的传统的教学模式。采用了“引导性讲授——学生自主发言——小组或班级分主题讨论”的教学模式，变“要我学”为“我要学”，充分调动学生的积极性，发挥学生的主体作用和教师的主导作用。

教学重点： 北京主办奥运会的相关问题分析

教学难点：如何为2008年北京奥运会做出贡献

教学方法：讨论法，辩论法

教学步骤：

一、导入部分

2008年将在北京举办奥运会，为本次盛会能够顺利召开，每一个中国公民都要为此做出贡献，青少年学生更应好好学习，以优异的成绩和高超的能力迎接奥运会的召开。

二、展开部分

（一）奥运会的精神是什么

《奥林匹克宪章》指出，奥林匹克精神就是互相了解、友谊、团结和公平竞争的精神。从奥林匹克思想体系的整体结构来看，奥林匹克精神是这一体系中不可缺少的组成部分。没有相互了解、友谊、团结和公平竞争的奥林匹克精神，奥林匹克主义就不可能得到贯彻，奥林匹克运动会也无法实现其促进世界和平和建立美好世界的目标。

（二）北京申奥的口号是什么

北京申奥的口号是“新北京，新奥运”。其内涵是：有三千余年建城史的北京，经过改革开放的洗礼，将以崭新的、多姿多彩的面貌进入21世纪，她将以饱满的热情欢迎全世界的体育健儿和各界朋友，共同参与奥运盛会。经历百年沧桑的现代奥林匹克精神得到更广泛的传播，翻开了奥林匹克运动的崭新一页。同时，进入21世纪的奥林匹克运动也以全新的面貌向世界人民展示其特有的魅力和风采。

（三）北京申奥的会徽是由什么组成的

北京申奥会徽由奥运五环色构成，形似中国传统的民间工艺品的“中国结”，又似一个打太极拳的人形。图案如行云流水，和谐生动，充满了运动感，象征了人民团结、协作、交流、发展、携手共创新世纪，表达了奥林匹克更快、更高、更强的体育精神。

（四）举办奥运会给中国带来哪些好处

从举办过奥运会的许多城市的发展经历看，奥运会对城市的现代化及各方面的发展有巨大的推动作用。举办2008年奥运会给北京给中国带来的好处将是全方位的。

第一，直接提高我国社会的经济效益

1. 翻阅历史就能知道：1984 年 9 月美国经济研究协会就洛杉矶奥运会对南加利福尼亚地区经济的影响进行研究发现，奥运会对这一地区的经济促进作用主要集中于 1984 年，全部效益高达 32.9 亿美元，远远超过 1962 年西雅图的世界博览会和 1982 年的克诺刻斯维里世界博览会。这两次博览会各历时 6 个月，总经济效益分别为 10 亿美元和 15 亿美元。

这届奥运会主要促进：（1）参加奥运会的各种人员的参观与商业活动；（2）通讯、电子媒介和其他方面的投入、赞助商广告、文化、展览等活动；（3）奥运会前的体育活动、奥林匹克场馆和奥运村的运行；（4）外来观光者的开支、当地居民与奥林匹克有关开支；（5）奥林匹克纪念品与零售、政府收入、对当地社区长期的益处。

巴塞罗那筹办 1992 年奥运会时，正处于西班牙从 20 世纪 80 年代全国范围的经济危机中开始复苏的时期。筹办奥运会明显加快其复苏的速度。因此，2008 年在北京举办奥运会将使北京的环境更优美，使北京成为全球关注的热点，给北京带来巨大商机；同时，利用申办和举办奥运会的机会进行以爱国主义、首都意识、集体荣誉为中心的宣传工作，促进精神文明建设。

2. 创造了就业机会：筹办奥运会一般要进行 6～7 年的时间，要兴建各种体育、交通、通讯、服务等设施，需要投入大量的劳动力，在一定程度上缓解了举办国特别是举办城市失业人口的压力。所以北京奥运会在很大程度上减少了北京失业人口。如洛杉矶奥运会创造就业机会共 2.5 万个，收入 4.9 亿美元，创造 37 500 个工作岗位，并使这 37 500 名雇员增加收入，尤其在制造业、建筑业和服务行业。

第二，奥林匹克运动的政治功能

维护世界和平，促进各国人民之间的相互了解。

顾拜旦创立现代奥运会时，希望体育运动能够改善国家间的关系。从历史上看，现代奥林匹克运动是作为国际和平运动的一部分出现的。奥林匹克运动是非政治性的，她强调各个民族间的共同联系、共同利益、求同存异，因此她寻求的是人类社会的整体利益。是各个民族沟通的工具。其本身不需要解释，人们可以自由交流。

第三，奥林匹克仪式的文化功能

奥林匹克仪式主要是围绕奥运会进行的，包括圣火传递、开幕式、闭幕式、受建仪式等，其中开、闭幕式最引人注目。

顾拜旦认为，只有把现代奥运会办成一个神圣的体育祭坛，办成一个与多种文化形式合为一体的盛大文化节，才能发挥奥运会应有的作用。为实现这一目标，他强调现代奥运会应体现两个意义：美和尊严。在这种思想的指导下，奥运会逐渐形成一套特有的恢宏庄严、华彩而凝重的传统仪式，如作为奥运会前奏的千万人参加的圣火传递，盛大的开幕式中的入场仪式，点燃圣火，运动员、裁判员庄严宣誓，严肃而热烈的授奖仪式，欢快而充满激情的闭幕式等。奥运会开幕式、闭幕式是一种文化艺术创造，有极强的艺术魅力。如1992年巴塞罗那奥运会的开幕式拥有全世界35亿电视观众。开幕式有7 000人参加表演，317名音乐家和歌唱家参加演出，用了76种款式的5 031套服装等，还记得这首歌吗："伸出你的手，相互拉在一起，把世界改造成更美丽的天地，"反复出现，越来越有力，从女生独唱到千万名歌手齐唱，最后变成由观众和运动员参加的万人大合唱。五彩缤纷的焰火在暮色浓重的天空中绽放，场地上一片欢腾，人们的激情达到顶点。所有不同国籍的人都在相互握手、拥抱。

奥运会是举办国文化的集中体现，是东道主展示本民族的历史、文化和艺术的盛会。由于不同民族的文化有着迥然不同的文化特色，使奥运会开幕式、闭幕式显示出鲜明的民族风格。同学们，2008年正是你们风华正茂，年轻有为的时候，也许你们中一些人正是我国奥运会的开幕式、闭幕式的组织者、参与者，所以你们从现在就要多学文化知识、多学本领，为北京奥运会的顺利、成功举办做准备。

三、结束部分

北京申办奥运成功，举国上下沉浸在喜悦的气氛中，但办好一届有特色的奥运会是很难的，这需要全国人民共同努力。现在你们十七八岁，五年后你们正当年轻，大学刚毕业，正是你们施展才华的大好时机。将来你们也许就是开幕式、闭幕式的参与者。同学们努力学习吧，迎接2008年的奥运会的到来！

思考题：

充分发挥你们的想象力，设计一个奥运会的开幕式或闭幕式。

教案点评：

体育理论课的特点是教学内容的内在逻辑性强，教与学、思辨与讨论的思维拓展空间较大。因此教案应体现出讲授内容的逻辑线索，重点突出，张弛有度。在教案的设计中应体现提问方式、方法，相关的作业和检查等进行系统的安排等。本例教案中导入部分略显单薄，可适当提问使学生抒发自己对北京奥运会的认识，引起学生对所要学习内容的兴趣。在教案的展开部分可以适当增加对教学过程中学生可能提出的问题进行预测，并提供相应的补充材料。

实　践　篇

体育健康课程标准教案：正确的走路姿势

一、具体目标

课标教案模型体现了新的体育课程标准理念。本课针对小学一年级的学生要形成正确的走路姿势，因此选择正确姿势走作为主要教材；坚持“健康第一”的指导思想，根据课标中的“水平一”，使学生的技能、认知、情感、行为等方面得到全面发展，从而促进学生健康成长。通过对本课的学习，使80%的学生基本掌握正确的走路姿势。能说出正确姿势和不正确姿势的区别是什么；每人模仿不同走姿至少3～4次；理解“龟兔赛跑”的内涵，并能说出比赛成功或失败的心理感受。

二、学习任务

本课的教学对象是小学一年级的学生，学习正确的走路姿势对他们有重要的意义。本课主要学习任务是基本掌握正确走姿势。通过教师对不同形式走姿的教学与学生练习，提高学生正确走路的思想意识，形成正确走路的姿势。因采用情景教学、音乐伴奏和教师鼓励、学生示范的方法，可充分调动学生学习的积极性。模仿游戏利用学生爱模仿的天性，充分调动学生主动性，激发学习的兴趣。辅助教材——“龟兔赛跑”的练习，让学生懂得其寓意培养做事谨慎认真、虚心向上的学习态度。

本课学习重点是上体的姿势正确，上下肢配合协调及脚着地动作；学习的难点是走的过程轻松、自然、协调技术的掌握。

三、学习任务分类与具体学习条件

本课学习的任务主要包括技能学习、态度、身体、心理健康、社会效应等方面。在技能学习方面，教师利用情景导入教学模式激发学生的练习兴趣，充分发挥学生的想象力；师生间的一问一答和学生间的对比性练习，既能吸引学生的注意力，又使学生对正确走姿有一定的认知；“模特表演”给予学生充分的练习空间；接力比赛是理论与实践相结合的过程，也是技能学习与改正的过程，使课堂气氛既活跃又能调动学生练习的积极性；小组间的讨论、总结、比赛练习的方法提高学生参与练习的热情。在整个学习过程中，教师始终在积极引导学生进行主体性学习，学生在活跃的气氛中得到身心的锻炼。

四、学习手段

根据正确的走路姿势教材的重点与难点，我们在教学内容上利用人的各种不同的走姿，引导学生正确的行走姿势；在组织形式上采用学生集体和分组练习的方法、学生正确与错误动作对比法，引导出正确走路姿势的重要性，学生在轻松愉悦的环境下逐渐学会走路姿势技能。游戏“龟兔赛跑”，让学生根据自己的喜好充分发挥想象力，模仿动物的走路姿势，在活跃学习气氛的同时提高了学生的表现力，最后采用小组比赛法激发学生间接的竞争意识，提高了学生的集体主义精神。

整个教学过程，通过运用正误对比、小组比赛、观察、思考、实践、想象再现等的学习方法，给学生提供参与教学活动的机会，培养学生正确身体姿势；在学习中体会运动的乐趣。使学生身心健康得到发展。

五、系统综合编写教案

<table>
<tr><td colspan="2">课题</td><td>正确的走路姿势</td><td>学习阶段</td><td>水平一</td></tr>
<tr><td rowspan="5">教学领域目标</td><td>运动参与</td><td colspan="3">通过让学生主动参与运动动作的学习，具有积极参与体育活动的态度和行为，每人模仿不同走姿 3 ~ 4 次</td></tr>
<tr><td>运动技能</td><td colspan="3">使学生掌握正确的走的方法，培养学生正确的身体姿势，指出正确姿势与错误姿势的区别</td></tr>
<tr><td>身体健康</td><td colspan="3">发展学生协调能力及快速奔跑能力</td></tr>
<tr><td>心理健康</td><td colspan="3">培养学生想象力和创新能力，使学生在学习的过程中体验快乐</td></tr>
<tr><td>社会效应</td><td colspan="3">培养学生独立完成动作和集体合作能力、团队的竞争意识</td></tr>
<tr><td colspan="2">场地器材</td><td colspan="3">录音机 1 台，标志旗 4 面</td></tr>
</table>

<table>
<tr><td>教学过程</td><td>教学内容</td><td>时间</td><td>组织形式和要求</td><td>练习次数</td></tr>
<tr><td>准备部分</td><td>一、体委整队
二、师生问好
三、情景导入：本节课的目标任务
四、动物模仿操
小朋友们让我们一起走入大森林嬉戏，尽情模仿小动物做游戏吧
1. 蜜蜂操
2. 猴子望月
3. 大象走
4. 青蛙跳
5. 袋鼠跳
6. 白兔跳
7. 大雁飞</td><td>3′

7′</td><td>组织：四列横队，密集队形
要求：比比谁站得快、静、齐

组织：四列横队，体操队形
××××××××××
××××××××××
××××××××××
×××××××××××
△
教师导入大森林场景，带领学生模仿森林小动物们欢快的嬉戏
要求：用心听和看，愉快模仿</td><td>4
×
8
拍</td></tr>
</table>

基本部分	走:正确姿势地走 1. 动作要领: 上体正直,自然挺胸,两臂自然前后摆动,脚跟先着地 重点:上体的姿势正确,上下肢配合协调及脚着地动作 难点:在走的过程中做到走的轻松、自然、协调 2. 练习内容: (1)各种人的不同走法 (2)各种图形走 (3)不同姿势地走 (4)模特表演	15′	组织:两路纵队 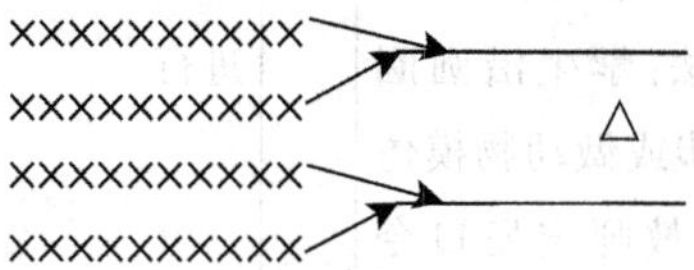 教法: 1. 教师引入情景,让学生根据音乐中的提示进行模仿练习,教师用形象的动作与学生一起做 2. 教师用激励性的语言引导学生练习 3. 教师置疑,让学生自由分组寻找正确走的姿势动作 4. 教师找两组同学示范,其他学生进行评价 5. 教师总结学生的动作,并引导正确姿势,强化学生的记忆 6. 学生在音乐的伴奏下,在教师的语言提示下进行走的练习 7. 教师在学生练习中提示动作要领,让学生自查动作,纠正错误动作,找同学说出正确与不正确姿势的区别 8. 模特表演,在音乐伴奏下进行。看看谁的姿势漂亮、优美。教师用激励性的语言鼓励,充分调动学生练习的积极性。教师和学生一起评价谁表演得好	3 3 2 3 3 4

基本部分	3. 游戏:找朋友 方法:学生沿圆圈跑步或做动物模仿操,教师突发口令“2”“3”“5”,学生听到数字后,立即与临近的同伴按所喊出的数字抱成一团。剩下的学生要表演节目 表演动物模仿操或者不同姿势的走或跳		组织:学生在圆圈上站好,听教师的口令进行 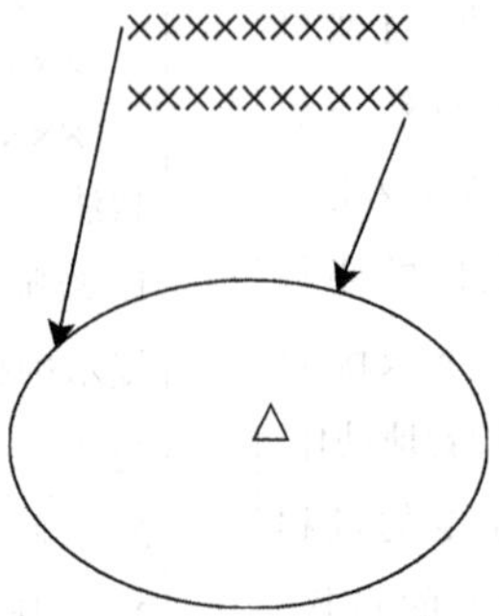 教法: 1. 学生根据音乐作模仿动物走姿练习,走得形象逼真 2. 学生在音乐的伴奏下,在教师的手势和语言提示下进行正确姿势走的练习,比比谁的腰杆直 3. 学生在教师语言的提示下做各种姿势地走 4. 在学生掌握走的正确姿势后,教师带领学生复习以前所学的游戏,进一步巩固学生走的动作 要求:在走的过程中注意走得轻松、自然	1 1 3~4

结 束 部 分	游戏:新龟兔赛跑 1. 游戏方法: 将学生分成乌龟和小白兔各2组(×:小白兔,○:乌龟) 游戏开始,第一排的乌龟和小白兔向标志旗跑去,在标志旗后面跳5次,然后绕过标志旗跑回本队拍第二排乌龟和小白兔的手,然后排到队伍后面。依次类推,以没有犯规先跑完的队为胜 2. 游戏规则: (1)听到口令或拍到手后才能起跑 (2)不准越过起跑线 结束部分 1. 放松活动:随音乐和教师一起活动 2. 课后总结 3. 布置课外作业 4. 收器材 5. 下课	组织:(见图) 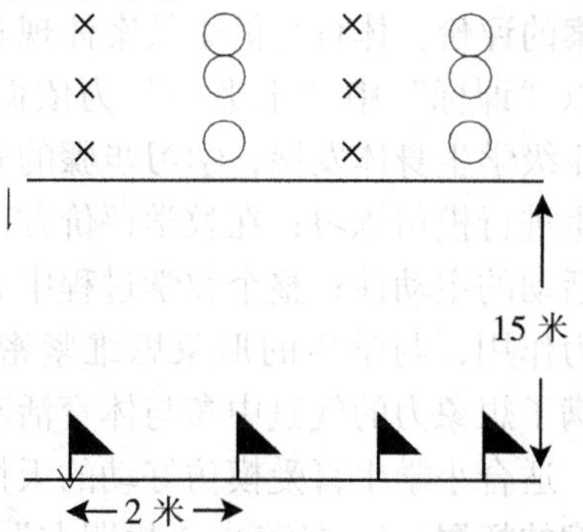 教法: 1. 教师引入情境,先让学生根据音乐的提示模仿乌龟和小白兔的动作走 2. 教师让每组分别扮演乌龟和小白兔,做乌龟和小白兔喜欢做的动作,教师引导学生熟悉游戏方法与规则 3. 学生根据教师的口令进行游戏,教师进行讲评 4. 学生按照自己的动作进行游戏,教师进行讲评 5. 学生说出成功或失败的心理感受,教师正确引导 要求:遵守游戏规则,注意安全 组织:四列横队,密集队形,前两排蹲下,后两排站立。 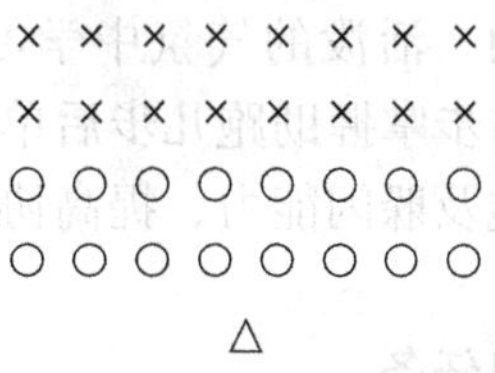	1 2 2 2
预计练习密度:37%		预计强度指数:1.3	

六、教案的评价与拓展

教案的评价：体育与健康教案体现新的课程标准理念。教学目标的设计以“课标”中“水平一”为依据，从教材的选择看比较适合小学低年级学生身体发展；学习步骤的安排比较细致，采用形象比喻激励学生进行模仿练习；在教学评价方面，注重学生的评价，调动学生参与活动的主动性；整个教学过程中充分利用情景创设与发挥学生的想象力作用，与学生的形象思维紧密联系，使小学生们在无拘无束、充满了想象力的气氛中参与体育活动，激发学习兴趣，提高练习积极性，适合小学生喜爱模仿好动的天性，从而发展学生的个性。

教案的拓展：1. 在游戏“找朋友”中，可以让学生选择自己认为跑得最快的一种动物跑的方式进行比赛，这样可以更好地激发学生的兴趣，将游戏活动推向高潮，体现学生的个性。2. “龟兔赛跑”游戏可以让小朋友课下自己制作“乌龟帽子”和“白兔帽子”，比赛时戴到头上，这样更能调动学生参与游戏的积极性，同时提高学生的动手能力。3. 教师积极引导“龟兔赛跑”的寓意，采用异质分组的方法，让每个学生都要体验成功与失败的心理感受。

体育情境教学模式：跳远

一、具体目标

体育情境教学模式是小学低年级体育学习的主要形式之一。本班是小学二年级学生，他们活泼好动，求知欲强，喜欢角色体验，针对学生这个年龄段的生理、心理特点，本课采用情境教学模式，让学生在欢快、生动、活泼的气氛中学习和锻炼。通过对本课的学习，使90%的学生初步掌握助跑几步后单脚起跳双脚落地动作；发展学生跳跃能力、奔跑及躲闪能力，提高协调性；充足的器材是完成本课任务的保证。

二、学习任务

掌握上步单脚起跳和双脚落地动作是学习简单的急行跳远的基础。本课主要任务：初步学会助跑几步后单脚起跳双脚落地方法，并用情境教学启发学生认识“远跳必须快跑”的道理。教学重点：单脚用力起跳，双脚轻巧落地；教学难点：助跑与起跳连贯。

三、学习任务分类与具体学习条件

本课的学习任务主要包括技能技巧类和身体、心理健康等方面。在教学过程中，教师采用“小步子”教学方式，循序渐进，逐步提高学生练习的信心，同时教师根据学生的练习情况及时反馈，并运用学生做示范，学生间的互相指导与帮助等调动学生练习积极性。游戏运用小学生都熟悉且喜爱的游戏“小猫钓鱼”作为新异刺激活跃课堂气氛，师生同练提高学生的练习热情。“小猫钓鱼”是根据同名故事创编的奔跑游戏，具有生动的故事情节，集育心、育体为一体，有利于发展奔跑、躲闪能力及培养做事认真、专心致志的品质。

四、学习手段

本节体育课运用的主要方法是游戏法。游戏的主要教法手段是教师用形象生动的语言描述故事情节，让学生进入情境进行游戏，教师做“老猫”直接参与游戏，激发学生情绪；在制作教具（鱼竿）上，形象逼真，让学生能触景生情，跃跃欲试。这样就把游戏做活了，健身育心的目的就达到了。

准备部分的一般发展和结束部分的放松整理，也都采用表情歌舞的形式，师生配合，边说边跳，边唱边舞，声动结合，与两个主教材的教学形式相一致，前呼后应，让学生在整个教学过程中，始终处于活泼愉快的情绪状态，主动地学习与锻炼。结束部分是舞蹈“金孔雀”。教师与学生边说边练习起到放松作用。

五、系统综合编写教案

教材内容	1. 助跑几步，单脚起跳，双脚落地 2. 游戏：“小猫钓鱼” 3. 舞蹈：“金孔雀”
课的任务	1. 初步学习助跑几步后单脚起跳双脚落地动作，发展学生跳跃能力及技巧 2. 通过游戏“小猫钓鱼”发展学生奔跑及躲闪能力，培养做事认真，专心致志的良好品质与习惯 3. 通过舞蹈“金孔雀”培养学生对美好事物的喜爱，发展学生的协调能力

教学结构	课的内容	时间	次数	组织与教法	思想教育
开始部分	一、课堂常规 1. 队长整队 2. 师生相互问好 3. 报告本课的内容及要求 4. 检查学生着装情况	8′		组织：四列横队（教师面向东，学生面向西，只用于开始的站队及稍息，立正、看齐的练习）	通过教师亲切问好，融洽教师与学生的关系，使课堂气氛轻松活跃
	二、队列练习 1. 稍息、立正 2. 看齐 3. 原地踏步走 歌谣： 师：小花猫，上学校，学本领，谁最棒 生：小花猫，上学校，学本领，我最棒 师：学什么，谁知道 生：我知道，学跑步，学跳远，划着小船把鱼钓			要求： 1. 学生动作要规范 2. 分清预令和动令，提示学生转头不转肩 3. 练习时边说歌谣边做，声音洪亮，步调整齐 （原地踏步和做操变为教师面向南，学生面向背）	通过提要求，使学生树立和端正学习态度 通过队列练习，严格要求、培养学生饱满的精神和令行禁止的组织纪律性 通过师生对话，有问有答，进一步活跃课堂气氛，使师生关系更加融洽
	三、小猫做操 边听儿歌边做操（儿歌磁带） 1. 上肢运动 2. 体侧运动 3. 体转运动 4. 腿部练习 5. 下蹲运动 6. 跳跃运动			组织：学生散点站，师生边听音乐边做操 ×××××× ××××××× △ 要求： 1. 认真做操 2. 要按音乐的节拍做	通过与教师一起练习，培养学生上课认真听讲，注意力集中的好习惯

基 本 部 分	四、助跑几步，单脚起跳，双脚落地 动作方法： 助跑几步用单脚蹬地起跳，然后两腿屈膝向前上方提起，两脚同时着地 重点： 单脚起跳的动作 难点： 助跑与起跳连贯 方法： 集体做时教师面向南，学生从外向内跳	17′		组织：学生2人1块海绵垫：摆放在指定的范围内（共用21块小垫子，每块垫子2人，北面不放，西面5块，南面10块，东面放6块） 　　　　　　　　× ×　□ × ×→□　　　　× ×→□ × ×　□　　　　× ×　□ × ×　□　△　　× ×　□ × ×　□　　　　× ×　□ × ×　□　　　　× ×　□ × × × × × × × × × × × × × × × × ↓ □ □ □ □ □ □ □ □ 教法： 1. 教师讲解单脚起跳，双脚落地的动作要领，并示范（正面一次，侧面一次） 2. 学生练习向前上一步，双脚落地动作，跳上靠近岸边小船 （学生用教师分配的小垫子自己练习） 3. 教师示范上三步双脚落地（来一次，回一次） 4. 学生练习上三步、双脚落地动作，跳离岸边稍远的小船（学生自己练习，教师巡视指导，学生也可互相纠正，互相帮助） 5. 教师示范助跑几步跳的方法（来一次，回一次）	通过提要求，讲动作，做示范，培养学生认真听讲、注意观察、开动脑筋的好习惯，看哪些同学的动作和教师做的动作一样好

基 本 部 分				6. 学生练习适当加长助跑距离，做单脚起跳，双脚落地动作。跳上远离岸边的船，并引导学生明白要想跳得远，必须加长助跑距离，加快助跑速度的道理 7. 选出做得好的 3 ~ 4 名同学进行典型示范 8. 教师讲评并纠正动作，然后让学生根据自己的跳跃能力调整船离岸边的距离再练习（学生可以互相帮助、纠正错误） 9. 学生在教师的统一口令下集中练习“单起双落”动作（都要面向教师做）	
	五、游戏： “小猫钓鱼” 方法： 学生扮的小鱼分散在场地内，学生扮的小猫分别拿着充气的塑料棒钓鱼（碰到身体即算钓到）			组织： 学生在指定范围内散点站位，选出 2 ~ 3 名同学做小猫，其余同学做小鱼 教法： 1. 教师用生动的语言引导进入小猫钓鱼的故事情境里 2. 教师在学生配合下做示范 3. 选出 1 ~ 2 名学生扮出小猫练习钓鱼（钓到 5 ~ 6 条鱼换人） 4. 更换小猫再练习（钓到 7 ~ 8 条就停止） 5. 教师扮猫，学生扮鱼，做小猫钓鱼游戏（钓到 10 条以上即可）	通过做游戏，培养学生的集体观念，发展学生模仿能力、想象力、创造力 通过学生扮小猫钓鱼的情况教育学生做事要一心一意、专心致志

结束部分	六、总结与放松整理 舞蹈:"金孔雀"	5′		组织:学生散点站位 教学: 1. 教师讲解舞蹈的内涵 2. 教师边说歌词边示范,学生模仿 3. 学生结合音乐进行练习,教师领舞 组织:四列横队,密集队形 1. 总结课上情况(练习情况、完成动作情况) 2. 表扬好学生 3. 收集整理器材下课	培养学生表现力,提高学生韵律感
场地器材	22 块小号海绵垫子、录音机 1 台、充气玩具 3 个、磁带 1 盘				

六、教案的评价与拓展

教案的评价：体育情景教学模式，展示出体育教学具有的"健身和育人"的功能和价值。1. 创设情景，适应小学生的心理发展，提高学生的学习兴趣，体现快乐体育的思想。2. 开始和结束部分运用表情歌舞等形式，体现了"健康第一"的思想，促进学生身心健康发展。不足之处是评价方法简单。

教案的拓展：组织形式或方法可以采用小比赛的形式，提高学生练习的积极性。收器材时，可以采用比赛或抬小船回家比比谁的力量大等方法，评价方法可以采用更多的形式。

"快乐体育教学模式"设计

一、具体目标

本节课是以素质教育为指导思想，使学生愿意在愉快、令人激动的氛围中参加体育活动。通过对本课的学习，学生能主动展示跨越障碍的几种简单方法；知道跨越障碍的保护自己的几种方法；在"组花”游戏中努力展现自我。具体目标：每人参与障碍赛跑4次，参与“组花”至少1次。这样不仅发展了学生的协调性、奔跑能力、投掷能力，还提高了学生的学习兴趣，从而使学生身心得到发展。

二、学习任务

开始部分：队列练习任务是要求动作整齐划一；圈操和小游戏的主要任务是配合音乐模仿教师的动作，力求做到优美大方，培养学生的韵律感和表现力。

基本部分：主教材是学习障碍跑。学习要求是锻炼学生跨越障碍的能力。学生根据自己的能力选择障碍物，通过同等条件和自己选择障碍物的练习、比赛来锻炼学生跨越障碍的能力，使学生形成克服困难的坚强意志品质，培养学生自主练习、自我选择的能力；辅助教材是游戏“特种部队”，让学生懂得学习规则的重要性，同时鼓励学生积极主动参与游戏。

结束部分：“组花”小游戏，既能充分放松学生的注意力，又能调动学生的积极性和发挥学生的创造力，要求气氛活跃，每小组成员都要积极参与，最后比比哪组“组花”样式丰富而且优美。每个小组组长和一名组员担任裁判。

三、学习任务分类与具体学习条件

本课的学习任务主要包括运动参与、跨越障碍的技能、体育活动中展现自我等心理健康。根据教学对象小学三年级学生思维发展特点，在教材处理上采用诱导练习和游戏的形式，按照由易到难、由简到繁、循序渐进的原则组织教学。在教学过程中，选出“跳圈、钻圈”等有兴趣的游戏，激发学生的参与意识，发展学生跳、钻等跨越障碍的能力。游戏“组花”将课堂气氛推向高潮。器材圈是本课的重要保证，也是激发学生参与活动兴趣的条件。

四、学习手段

本节体育课运用快乐体育思想，在教学中运用示范法、重复练习法、变换练习法、比赛练习法、游戏练习法等多种教学方法。

准备部分：教学常规——圈操（自编）——游戏（跳圈、钻圈），通过做“圈操”激发学生练习兴趣，培养学生的韵律感和审美意识。

基本部分：障碍跑：游戏“特种部队”，在练习手段、练习难度、练习次数、练习伙伴等方面让学生自己选择，给学生的创造一个自主练习和自我评价的最佳学习环境。

结束部分：放松练习（利用圈来组花），通过引导学生“组花”的练习，充分发挥学生的想象力、提高学生的创造力和表现力。

五、系统综合编写教案

<table>
<tr><td>教材内容</td><td colspan="5">1. 障碍跑:“翻山越岭传信号”　　2. 游戏:特种部队</td></tr>
<tr><td>课的目标</td><td colspan="5">1. 初步掌握通过障碍的简单方法,提高奔跑能力,发展协调等身体素质
2. 通过游戏“特种部队”提高学生投掷兴趣,发展投掷能力
3. 培养学生机智果断、勇敢及团结协作的优良作风</td></tr>
<tr><td>课的结构</td><td>课的内容</td><td>时间</td><td>次数</td><td>组织教法与要求</td><td>思想教育内容</td></tr>
<tr><td>开始部分</td><td>一、课堂常规
1. 队长整队,报告人数
2. 师生问好
3. 宣布本课内容
4. 提出本课要求
二、队列练习
1. 原地转法
2. 齐步走——立定
3. 跑步走——立定</td><td>3′</td><td></td><td>组织:四列横队,密集队形
要求:服装整齐,精神饱满,站队齐,守纪律
组织:同上
教法:
1. 三面转法练习
2. 面向教师转法练习
3. 向东南西北转法练习
4. 向自己家的方向转练习
要求:队形整齐,方向正确
组织:在四列横队的基础上,向右转绕标志物走和跑
教法:教师口令指挥,随时提醒学生动作、鼓励表扬
要求:动作整齐、规范,精神振奋</td><td>通过表扬好学生的方法,来调动全班学生上课的积极件

通过转法的练习使学生提高辨别方向的能力</td></tr>
</table>

准备部分	一、圈操(自编) 1. 伸展运动 2. 下蹲运动 3. 体侧运动 4. 体转运动 5. 踢腿运动 6. 全身运动 7. 跳跃运动 8. 整理运动	7′	4~8	组织:四列横队,体操队形 教法: 1. 教师领做 2. 学生在音乐的伴奏下进行练习 3. 教师随时提醒学生动作要规范 要求: 1. 伸展要充分,臂要伸直 2. 动作要协调 3. 动作要优美大方 4. 脚跟不要离开地面 5. 踢腿要绷直脚面 6. 下蹲和起立变转要整齐 7. 声音要洪亮 8. 动作舒展优美	通过圈操,培养学生的韵律感
	二、学生利用圈自由练习			组织:学生在规定范围内数点站 要求:可以变换花样,相互帮助	培养学生的创造能力
	三、游戏 1. 跳圈 2. 钻圈			组织:学生3人1组练习  教法: 1. 教师讲解游戏方法和规则 2. 学生进行游戏 要求:遵守规则,听从指挥	

基 本 部 分	一、障碍跑 比赛方法: 教师发令后,排头学生越过 4 个障碍圈,再绕过对面同队队伍,把“信号布”交给对面同队员手中,然后站到队尾,依次进行 重点:掌握动作方法 难点:灵巧协调	17′	1~2 2~3 2~3 2~3 2~3 1~2	组织:由四列横队变弓队形 × × × × × × × × × ×　　　× × ×　　　　　× ▲ 教法: 1. 教师讲解并示范动作 2. 学生根据自己能力选择跳圈练习 3. 学生根据自己能力选择钻圈练习 4. 同等条件下学生进行跳圈、钻圈练习 5. 同等条件下学生分组比赛 ××× ○○○ ××× ××× ○○○ ××× ××× ○○○ ××× ××× ○○○ ××× →　　△　　← 6. 学生自己选择障碍物练习 7. 教师小结 要求:团结协作,主动参与,自主练习	通过障碍跑练习,培养学生自主练习、自我评价、自我选择的能力

基本部分	二、游戏:“特种部队” 方法: 在场地画出距离,10 米左右长、20 米宽的两条线做游戏的区域。每个同学发 3 ~4 个棕包。当“坦克”或“飞机”经过时,用棕包去打,打中为得分,看谁得分高 规则: 1. 听教师发令后方能开始 2. 在投掷时不能越出规定范围,否则无效	10′		组织:二列横队 × × × × × × × × × ←× × × × × × × × × × 教法: 1. 教师讲解游戏规则 2. 学生利用棕包打移动“坦克” 3. 学生利用棕包打空中“飞机” 4. 教师小结 要求:遵守规则,气氛活跃,主动参与	通过游戏,培养学生的想象力、创造力及表现力
结束部分	一、放松性练习 1. 引导学生利用圈来“组花” 2. 启发学生的想象力,利用圈来组成各种各样的东西 二、教师小结本课情况	8′		组织:学生 4 ~6 人 1 组,自由组合 教法: 1. 教师用生动的语言进行引导,并找几名同学组成一朵“花” 2. 学生自己创造花的造型 3. 学生自己创造任何东西 要求:充分想象,敢于表现,每人至少一次	通过放松练习,培养学生的想象力、创造力及表现力
场地器材	呼啦圈每人 1 个;标杆 4 根;游戏用的道具 2 个;录音机 1 台;棕包每人 4 个				

六、教案的评价与拓展

教案的评价：快乐体育教学适应当代教育改革的形势，寓教于乐。促进学生身心健康发展。此教材特点是器材的使用，充分调动小学生学习的兴趣和参与活动的积极性，使学生在快乐的气氛中得到锻炼和心理的满足。结束部分持器材编造型既能激发小学生的活动兴趣，又能提高学生思维能力和创造能力。当然也有不足之处，基本部分的障碍跑组织形式没有交代清楚。

教案的拓展：与圈相关的内容很丰富，可以增加圈形成的地道战之类的游戏；圈操的教学方法可以采用分组比赛，看看哪组做得美、整齐；器材的收回可以采用比赛的形式进行，如站好队后，由排头或排尾进行收器材，看哪组快、静、齐。

程序教学模式：跨越式跳高

一、具体目标

依据《课标》要求和体育教学论有关理论，以全面锻炼学生身体，促进学生身心全面发展，提高学生的身体素质和运动技能为主要目的，结合四年级学生的具体情况和教学计划，设计程序式教学模式教案。本课主要目的是通过合理教学过程，提高学生学习的效率和自我学习、主动发展的能力；培养学生虚心好学、互相帮助、勇敢向上的良好品质；通过本次课的学习，每个学生能根据自己的能力选择跳跃高度基本完成3~4次，学会跳绳的几种方法，发展学生跳跃能力。

二、学习任务

跨越式跳高动作是小学学习的基本教材之一。这项身体练习从技术教学的角度来看，比较成熟，教学环节清晰。在学生具备一定运动能力的基础上，选择程序教学模式，对加快学生学习进程有一定意义。

本节课计划使学生初步掌握有力腿起跳，两腿依次过杆、两脚依次落地的方法，发展学生的跳跃能力。重点：解决有力腿起跳，难点：两腿依次过杆，两脚依次落地。

三、学习任务分类与具体学习条件

本课学习的任务主要包括跨越式跳高技能的学习；发展跳跃能力等身体素质；在跳高和跳绳过程中努力表现自己等心理健康方面。本教案用程序教学的模式，逐渐加大动作的难度，最后形成对跨越式跳高技术的学习，由易到难，循序渐进。在每一步骤教学过程中，教师给予学生练习和表现的机会。学生练习过程中教师及时反馈，对完成好的学生及时强化，反之重点辅导。最后根据学生的身体素质和完成得好与坏，自由分组，这样能使能力强的学生吃得饱，能力差的学生进一步提高，充分调动每个学生练习的积极性，同时能发展学生的自我评价能力。完成程序教学，充足场地器材是重要的保证，也是提高学生练习兴趣的条件刺激。

四、学习手段

跨越式跳高是跳高动作中的基础性技术，掌握此项技术，对进一步学习其他跳高动作有一定的帮助。跨越式跳高因其动作结构较复杂，难度较大，学起来较为枯燥，不易掌握，容易使学生在学习过程中产生畏学、厌学情绪。在教学中，为了调动学生的学习积极性，诱发学生的学习兴趣，采用以程序教学模式为主线的教学策略，即教师依据跨越式跳高的动作结构将其分解成若干“小步子”，学生根据练习程序，明确每步的学习目标，结合教师的讲解、示范使学生一步一步地掌握动作并强化，及时矫正错误，最后达到预定教学目标。

在组织形式方面，采用“好朋友”组合形式，分组的特点是学生情投意合，易于小群体相互指导和共同研讨，便于学习掌握动作。在练习过程中经教师检查反馈后再引导其根据能力水平结合成“能力小组”进行练习。这样可以使学生的发展既有共同点，又有不同层次，有利于教师区别对待，因材施教。在教学过程中积极倡导同学之间互教互学，互相帮助，既培养学生之间的人际交往能力，又使他们的求知动机和自我表现动机得到展示，促进学生主动全面发展。

五、系统综合编写教案

<table>
<tr><td>教材内容</td><td colspan="3">1. 学习跨越式跳高　2. 身体素质:跳绳</td><td>人数</td><td>36</td></tr>
<tr><td>课的任务</td><td colspan="5">1. 通过学习跨越式跳高动作,使学生初步掌握有力腿起跳,两腿依次过杆,两脚依次落地的方法
2. 发展学生跳跃、灵敏、协调能力
3. 培养学生虚心好学、互相帮助、勇敢向上的好品质</td></tr>
<tr><td>课的结构</td><td>课的内容</td><td>时间</td><td>次数</td><td>组织教法与要求</td><td>个性培养思想教育</td></tr>
<tr><td>开始部分</td><td>一、常规
1. 队长整队,师生问好
2. 介绍课的任务及要求
二、队列练习
1. 原地转法
2. 齐步走——立定</td><td>1′
3′</td><td></td><td>组织:四列横队,密集队形
× × × × × × × × × ×
× × × × × × × × × ×
× × × × × × × × × ×
× × × × × × × × × × ×
△
要求:站队快、静、齐
组织:二路纵队
× × × × × × × × × ×
× × × × × × × × × × ×
△
要求:精神饱满、步伐整齐</td><td>精神饱满、纪律严明,树立学习信心,养成良好的学习习惯</td></tr>
<tr><td>准备部分</td><td>一、慢跑
二、几个小活动
1. 不同方式地走
前脚掌、脚后跟、脚内(外)侧着地
2. 短绳抛接
3. 摆腿
4. 绕环跳
三、跳绳活动
1. 四折绳
2. 单脚跳绳
3. 双脚跳绳
4. 交换脚跳绳
5. 一跳双摇</td><td>1′
4′
8′</td><td></td><td>组织:1. 二路纵队
2. 分散在操场上进行
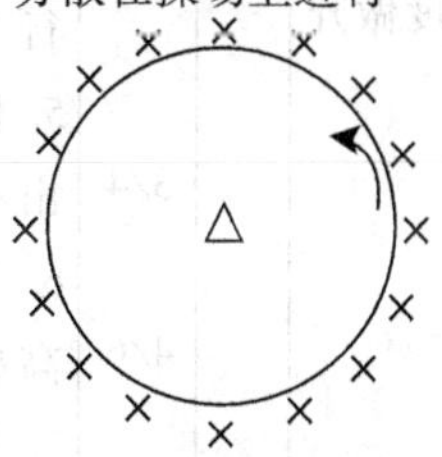
教法:随教师指导依次进行
要求:练习认真
组织:每人一根跳绳进行练习
教法:按照教师提示,根据学生能力进行练习
要求:动作协调</td><td>由易到难,发展学生跳跃能力,并利用单脚跳绳练习使学生体会有力腿,为跳高教材打下基础</td></tr>
</table>

基 本 部 分	一、跨越式跳高 动作要领: 侧面助跑,单脚起跳,两脚相继过杆,两脚依次落地 动作口诀: 左(右)脚起跳,摆右(左)腿 教学程序: 1. 持绳摆腿 2. 原地“过杆” 3. 跨低斜杆练习 4. 跨低横杆练习 5. 上1步过杆练习 6. 上3~5步过杆练习 7. 完整动作练习 8. 分不同高度做升级练习	18′	10/15 4/6 2/3 2/3 3/4 4/6 4/6 3/4	组织:分4组进行练习 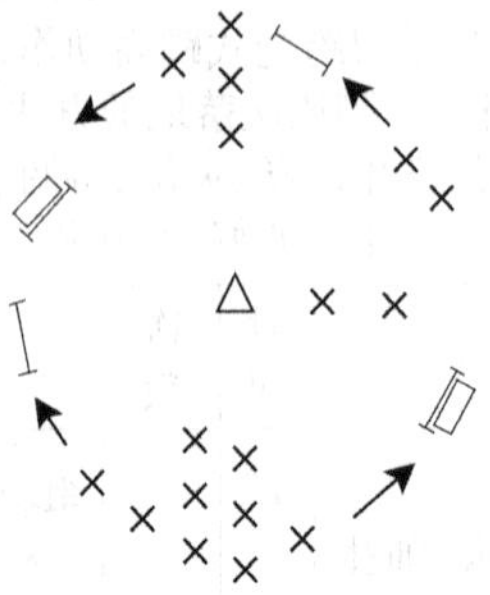 教法: 1. 教师讲解示范 (1)原地侧面过杆示范 (2)3步侧面过杆示范 2. 学生按教学程序进行练习 3. 请动作较好的同学示范 4. 教师检查,每进行一步须达到动作要求后才能进行下一步练习 5. 同学之间互相检查,指出不足,改进动作 6. 掌握动作快的同学可提高难度 7. 教师重点辅导掌握动作慢的同学 8. 学生自由选择高度进行练习,3~4次 要求:动作协调,轻巧落地	认真观察,虚心好学,互相帮助,敢于竞争 练习程序的设计是本着由易到难的顺序进行 教师应对学生的动作及时反馈,对掌握动作较慢的同学重点辅导

结束部分	一、放松整理活动 1. 双人拔河 2. 踩蛇尾 3. 三足竞走	4′ 1′		组织:成游戏组 2 组练习	结合跳绳做游戏,目的在于本课除跳高教学外,还让学生掌握跳绳练习及游戏的方法
场地与器材	36 条短绳 4 组跳高架	练习密度与负荷预计 练习密计预计 35%,运动负荷平均值预计 90 ~ 100 次/分			

六、教案评价与拓展

教案的评价：程序教学的特点之一是“小步子”的逻辑特点。此教案本着由易到难的顺序，把跨越式跳高教学中的若干动作分成：持绳摆腿、原地“过杆”、跨低斜杆练习、跨低横杆练习、上 1 步过杆练习、上 3 ~5 步过杆练习等有机联系的“小步子”，同时让小学生明白每一“步子”的目标，这符合当前教改的形式。每一个“步子”都是最基本练习，后一个练习又是前一练习的基础加上简单的动作，难度增加很小，所以小学生熟练前一个“小步子”后，下一个“步子”出现错误的可能性就很小。因每一个“步子”都练熟后，故进行完整动作练习时，出现错误动作很少，即使动作变形，也很容易改正。这样不需要大量时间去解决教学初期产生的大量多余动作，有时间提高动作的熟练性，提高教学效率。

程序教学特点之二是步步检查监控。通过教学中的步步检查，发现某一个动作在教学中存在问题，能及时检查出原因，给予修正，否则就不能进入下一动作的程序教学。它有利于因材施教，个别对待。能照顾“两头”的学生，让好学生吃得饱，让差的学生进一步提高。使学得好的、快的同学帮助学得差的、慢的同学，从而提高他们的知识技能和互帮互学的集体主义精神。这样就为预定教学目标的实现提供保证。这就要求教师吃透教材，备好学生，提高自己的专业水平，把教学程序设计好，制定适宜的教学目标；在检查过程中随时注意信息的反馈，及时纠正错误保证下一“步子”顺利实施。

教案的拓展：教材内容方面，在程序教学“步子1和2”之间加上提高学生向上跳的细节。如原地摆腿向上跳或加上辅助练习，即在起跳点上方悬挂一球让学生尽量高跳等，这样更能提高学生向上跳的意识；组织教学方面，可以采用“能力小组”互相讨论的方式，这样能充分调动学生积极动脑思考问题、解决问题的能力。

顺序式教案：远足登山

一、具体目标

本课是在新的教学理念指导下的远足登山自然体育教学。冲破封闭式教学的传统，让学生走出校门，进行自然体育的尝试，能充分调动学生锻炼身体的积极性，为学生今后的自然体育生活打下坚实的基础。通过让学生参与远足登山运动，具有参与体育活动的积极态度和行为；了解远足登山的安全、生活知识，能说出远足登山注意事项3~4条；基本掌握远足登山的技能、掌握远足登山活动当中可能面临的危险和处理方法1~2条；增强学生心肺功能；培养热爱大自然，保护环境的观念和意识；提高对自然环境的适应能力；增强团结互助，集体主义精神。

二、学习任务

本节体育课的主教材是远足登山的生活知识技能和远足登山的安全知识。学习任务：提高学生在自然界学会生存，即扎帐篷、辨别方向的能力，同时加强安全和自我保护的意识的教育。

远足登山是很难组织的体育教学活动，本教案是在平时学习基本安全知识和生活技能基础上进行的实地登山课。本班学生是小学五年级学生，根据此时期学生生长发育的思维发展特点，在教材处理上采用诱导练习、提问回答、小组分工和比赛等形式，从实地出发，按照由易到难、由简到繁、循序渐进的原则组织教学。在学习过程中，对扎帐篷、辨别方向等内容的学习采用小组合作、比赛等方法，激发每个学生的积极参与意识，发展学生团结合作和竞争意识，同时提高学生生活技能。

三、学习任务分类与具体学习条件

本课学习任务主要包括：运动技能、身体健康、心理健康、社会适应等方面。此课突出特点是学生始终在新异刺激下进行学习，但由于学生实地上课心情激动，容易分散注意力，增加了教学难度，所以对学生要严格要求，同时多增加学生思考、动手解决问题的机会。期间，教师随时对每个小组的学习情况进行反馈，对表现好的进行表扬，表现差的进行鼓励。小组间的互相观摩与比赛激发每个小组的能动性。场地山、帐篷、指南针等是保证远足登山顺利完成的重要条件。

四、学习手段

本节体育课运用快乐和安全的体育思想，在教学中运用示范法、提问回答、重复练习法、比赛练习法等多种教学方法。

准备部分：包括三部分，一是学生各种携带的东西是否合理、服装是否合乎要求；二是学生出行的安全意识是否达到一级准备状态；三是学生的热身活动，避免在上山的过程中扭伤。

基本部分：包括两项内容，采用教师讲解示范法、小组合作、小组比赛、三自教学法、自我评价和他评的方法进行教学。选择露营地和扎帐篷，在练习手段、练习难度、练习次数、练习伙伴等方面让学生自己选择，“体现三自教学思想”，给学生创造一个自己思考、动手的机会和进行自我评价及进行他评的学习环境。

结束部分：利用集体歌唱把一天的疲劳消除，同时放松学生的注意力、呼吸及肌肉。学生和教师的总结，能提高学生的分析问题和总结问题的能力，同时进一步巩固所学的知识与技能。

五、系统综合编写教案

教学内容：远足登山的生活知识技能、远足登山的安全知识

教学领域目标：

1. 运动参与：通过让学生积极主动参与远足登山运动，具有参

与体育活动的态度和行为。

2. 运动技能：学会远足登山的安全知识和远足登山的生活知识技能、学会在远足登山活动中可能面临的危险和处理方法。

3. 身体健康：增强学生心肺功能，提高耐力素质。

4. 心理健康：培养热爱大自然，保护环境的观念和意识，锻炼克服困难的意志品质和勇气，提高对自然环境的适应能力；激发了爱国主义精神。

5. 社会适应：在远足登山活动中对体弱和伤病的同学表现出极大的尊重和关爱；增强团结互助的集体主义精神。

教学重点：安全意识、选择营地、架设营房、辨别方向

教学难点：架设营房

教学过程：

一、体委整队：（如图）

×××××××××

××××××××××

△

要求：快、静、齐，带好准备好的行李。　　　　1分钟

二、情景导入：同学们，相信你们一定和父母一起爬过山，投身于大自然的怀抱，感受大自然的宁静，新鲜泥土和空气的芬芳。今天让我们集体进行一次远足登山运动，在这里我们要学会怎样和同学们集体选择安营扎寨的地方，怎样扎帐篷合理安全，怎样辨别方向。同学们，在你迷路时你应怎样辨别方向呢？让我们一起来真实体验远足登山的乐趣吧。

三、检查出发前的准备

根据远足登山活动的地点、时间、距离、食宿、资金等去做准备。

（1）服装、鞋袜以穿着舒适、轻便实用为宜。

（2）物品要满足活动的需要，考虑要周密，所拿物品要实用、轻便。

下面是一些在远足登山中常用的物品，请选择哪些是必备的

物品。

水	食品	帐篷	手表	地图	多用刀具	洗漱用具	雨具	指南针
绳索	打火机（火柴）	手电筒	野餐用具	望远镜	照相机			
笔记本	笔	药品	背包	睡袋或毛毯	锤子	通信设备	放大镜	

四、安全提示

（一）远足活动中的安全

1. 服从指挥，不要擅自离开队伍。2. 夜间行走要高抬腿、轻落步，避免踩空扭脚。3. 要注意避雨和防雷击。4. 行走草丛时注意打草惊蛇。

（二）登山的安全

登山时应走山道，若无山道，在攀登时，要先用脚试一下所蹬之物是否牢固才能进行攀登。下山时要注意身体重心向后，不要急跑。山道太陡时，可侧身横步或成“之”字形下山，以避免下山太急太猛而滑倒。

（三）不要进山洞里面游玩

因为山洞里面地形复杂，很容易迷路，又没有水源和食物，因一时好奇到山洞里游玩，可能会有生命危险。

（四）注意野外饮食卫生

1. 要保证所携带的食物新鲜卫生；2. 不要随便采食野生植物；3. 要饮用山泉或洁净的河水；4. 注意保护环境，把用完的垃圾用塑料袋装好，带回垃圾桶。

五、热身部分

1. 绕场地跑步（不背行李）	200 米　1 次	4 ~ 5 分钟
2. 关节活动操		
腕、头颈关节	2 × 8 拍	
肩部运动	2 × 8 拍	
腰部运动	2 × 8 拍	2 ~ 3 分钟
膝关节活动	2 × 8 拍	

腕关节活动　　　　　　　　　　2×8 拍

要求：各个关节活动充分。

六、基本部分：教师带领学生集体爬山。

（一）远足登山活动中的生活知识技能

要想使远足登山活动生动有趣而又安全，事先一定要认真策划，周密思考，掌握远足登山活动有关知识与技能。

1. 选择营地：

露营地的选择	⟶	要选择地势较高、地面开阔、干燥、并且靠近山林和水源的地点为露营地

教学方法：教师讲解选择营地的要求，并向学生指明与营地相适合的特点。

学生练习：

（1）将学生分成 5 组，每组 10 人，以小组为单位在周围选择本队营地。

（2）教师分组提问每组营地的特点，其他组成员作评判。

（3）教师评议每组选择营地的优点、缺点及应注意的事项。

2. 架设营房（方法略）

教学方法：

（1）教师在一组的营地边讲解边示范扎帐篷的方法，要求每组成员仔细观察。

（2）教师提问扎帐篷的技术要点，学生回答。

（3）学生提问，教师回答。

学生练习：

（1）学生以组为单位在本队选择的营地进行架设营房的实地练习，教师巡回指导。

（2）每个小组派 1 名代表到各个营地参观学习。

（3）每组熟悉架设帐篷的方法后，进行扎帐篷比赛，看哪组扎得快。

（4）整体考察扎帐篷的效果，小组评议看哪个组做得最好。

要求：小组同心协力，配合起来，小组长起带头作用。

3. 辨别方向

识别方向：假如你在远足登山活动前忘记带指南针，或是在途中遗失了，使你迷失了方向，你一定要保持镇定，用下面方法辨别方向。

教师提问：识别方向有哪几种方法呢？

小组回答：制造悬念。

（1）指南针辨别方向：将指南针平放，磁针总是指向南北方向。（如图）

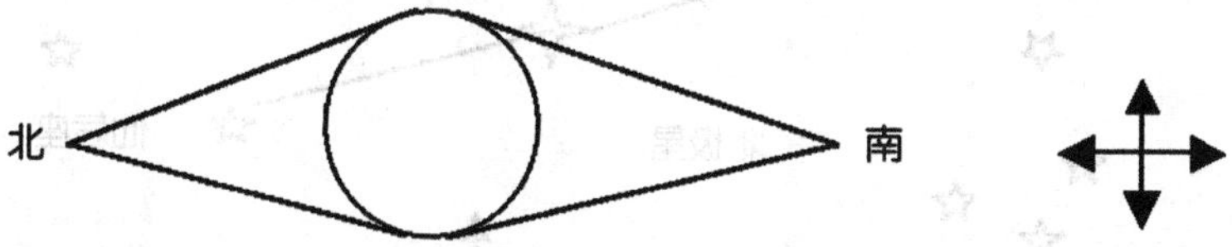

教学方法：

（1）教师讲解并示范第一种辨别方向的方法。

学生练习：

学生以小组为单位，拿指南针进行辨别方向练习。

要求：指南针平放。

（2）看太阳："日出东方，日落西山"注意观察太阳，上北下南，左西右东，就可以看出大致方向。（如图）

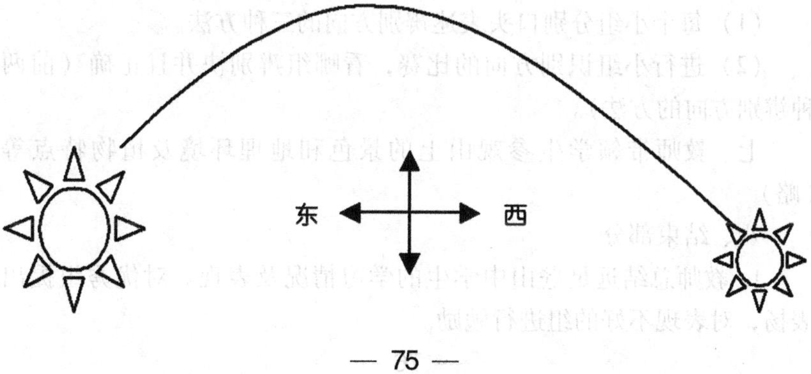

教学方法：

教师讲解并示范第二种辨别方向的方法。

学生练习：

以小组为单位观察太阳的位置，并说出方向。

（3）观天象：夜晚观察星空，你会找到近似勺状的北斗星和“M”状的仙后座，它们都围绕北极星转动。北极星的正下方就是正北方，顺时针依次为东、南、西方。（如图）

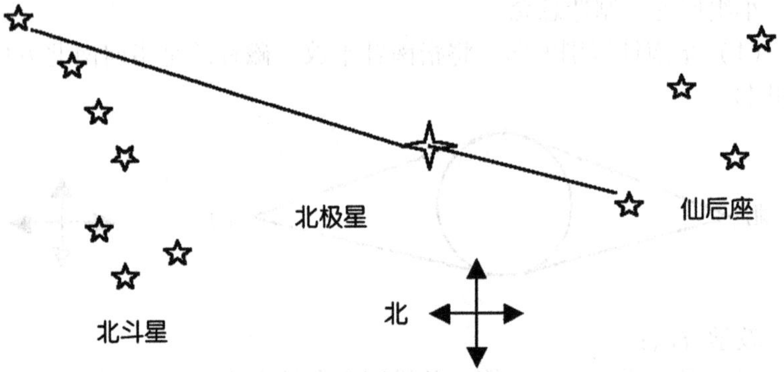

教学方法：教师用示意图讲解第三种辨别方向的方法。

学生练习：

（1）利用画图的方式表达方向。

（2）利用晚上进行实地练习。

总体练习：

（1）每个小组分别口头表述辨别方向的三种方法。

（2）进行小组识别方向的比赛，看哪组辨别快并且正确（前两种辨别方向的方法）。

七、教师带领学生参观山上的景色和地理环境及植物特点等（略）

八、结束部分

1. 教师总结远足登山中学生的学习情况及表现。对优秀组提出表扬，对表现不好的组进行勉励。

2. 歌唱：歌曲“战士打靶把营归”。

3. 小组总结。

4. 收拾器材返校。

六、教案的评价与拓展

教案的评价：快乐体育教学适应当代教育改革的形势。促进学生身心健康发展。此教材特点是实地登山，充分调动小学五年级学生学习的兴趣和参与活动的积极性，使学生在快乐的气氛中得到锻炼和心理的满足。小组合作能调动学生的积极性，同时提高学生的参与合作能力。当然也有不足之处，山上景色容易分散学生的注意力，不容易组织。采用友伴分组和能力分组更有利于本课的组织。

教案的拓展：本教案有利于提高学生控制体能、安全、求生的本领。

处方教学：双手向前向后抛实心球

一、具体目标

本课是以增强学生体质的教学理念为指导思想，以“运动处方教学”模式的理论为基础，利用30米跑、仰卧起坐、向前抛实心球、前后滚翻作为“媒介”，结合学生具体实际情况而设计。通过处方教学，初步掌握双手向前抛实心球技术，能选择适合自己的学习处方，提高技能水平；针对自己的情况选择相应的运动处方进行比赛（2~3次）。

二、学习任务

教学内容一：双手向前抛实心球是小学六年级的教学内容。通过练习发展学生的下肢腰腹肌、上肢力量，提高学生的协调能力。

教学内容二：“处方教学”根据学生的实际情况分成4种运动处方（30米跑、仰卧起坐、前后滚翻、前抛实心球）。主要发展学生的速度素质、腰腹肌力量、前庭器官的平衡性、学生根据自己的情况自主选择的能力，同时培养学生自我评价能力和团结一致，勇攀高峰的集体主义精神。

教学任务：通过练习让学生明白投掷不仅要用手臂的力量，还要用全身力量的道理；基本学会全身用力抛实心球的动作方法；了解处方教学的学习方法和练习要求。通过处方教学，选择适合自己的学习处方，提高技能水平。通过学生的自选、自练、提高学生练习的积极性和主动性。

教材重点：发展抛实心球和处方教学。

教材难点：抛球的用力顺序和处方教学的连续完成。

三、学习任务分类与具体学习条件

本课学习的任务主要包括技能学习、运动参与、身体健康、社会适应等几方面。在技能学习方面，通过教师讲解示范，学生徒手、持球、小组比赛等学习方法，掌握抛实心球技术；在认知方面，通过小黑板和教师的讲解，让学生了解处方教学，通过学生自主选择处方来锻炼学生的身体素质，还能调动学生参与活动的积极性，同时加深对处方教学的认知，起到事半功倍的效果。这里要求教师及时反馈学生练习和分组情况，使学生选择处方恰当合理。

四、学习手段

教学过程中应运用讲解与示范教学法、处方教学法和自我评价法、小组比赛法。采用同质分组的方法进行练习，即教师根据学生身体素质的具体情况初步把学生分成4组，防止学生自己盲目分组。组长由小组成员共同确定。

准备部分：用集体舞蹈代替徒手操，提高学生参与练习的积极性。

基本部分：内容一：教师采用传统的讲解示范、学生练习的手段进行，这样有利于学生对动作要领的理解和把握；培养学生观察动作和发现问题的能力；利用比赛提高学生学习的积极性和主动性，进一步巩固动作。内容二：处方教学，学生自己分组，教师根据分组情况进行调动，同时采用分组教学，不但能提高各小组成员的组织能力和自律性，还有针对性地增强学生的素质。利于因材施教，区别对待，提高学生自学能力。

结束部分：教师采用音乐伴奏、集体舞蹈的形式，充分使每个学生身心得到愉悦和放松。

五、系统综合编写教案

教学内容	1. 双手向前抛实心球 2. “处方教学”(30 米跑、仰卧起坐、前后滚翻、前抛实心球)
教学目标	认知方面:能明白投掷不仅要用手臂的力量,还要用全身力量的道理;了解处方教学的学习方法与练习要求 运动技能:能学会全身用力抛实心球的动作方法;通过处方教学,能选择适合自己的学习处方,提高技能水平 运动参与:通过学生的自选、自练,能更积极、主动地参与教学活动

程序	教学内容	组织、教法、要求		时间	次数	程度
		教师活动	学生活动			
导入部分	1. 体委整队,报告人数 师生问好 2. 宣布本课内容、任务目标 3. 跟我学:球操 (1)绕身体练习 两脚开立左右绕 (2)向前跑步 4 步,上抛击掌接球 (3)向后跑 4 步,上抛击掌接球 (4)脚夹球手接住 (5)夹球掷远	教法: 1. 激发学生学习兴趣 2. 集体一起做 3. 激励学生积极参与 要求:(1)(2)(3)(4)比速度和远度	组织:四列横队,密集队形 ×××××××× ×××××××× ×××××××× ×××××××× △ 组织:学生围成圆圈,教师站在圆圈中心位置 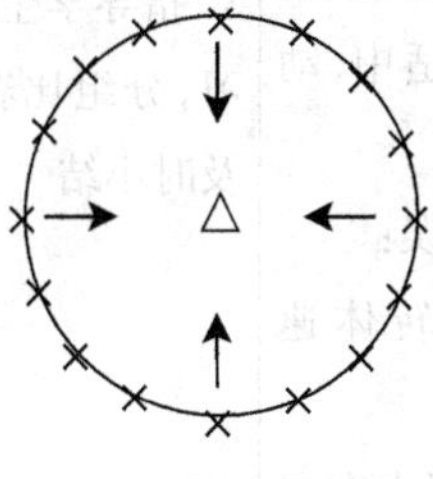 要求:师生共同完成	1′ 5′	2	

导入实施步骤	一、投掷 1. 教学内容： 双手向前抛实心球 2. 动作要领： 两脚开立，两腿屈膝，上体前倾，两臂经前后摆，持球体后，两脚蹬地、向前摆臂出球（如图）  3. 教学重点： 蹬地 4. 教学难点： 出手角度适中，动作连贯 5. 易犯错误： （1）蹬地转体速度慢 （2）出手用力方向不正	组织： 分组不轮换 × × ×　× × × × × ×　× × × △ × × ×　× × × × × ×　× × × 教法： 1. 讲解示范，引导学生体验用力动作 2. 引导学生掌握正确用力的动作方法 3. 发令让学生进行各种练习，注意观察；让学生示范并纠正易犯错误 4. 指导学生练习，分组比赛，及时小结	学法： 1. 学生按要求体验用力 2. 徒手练习 3. 持球练习 （1）纠正练习 （2）巩固练习 4. 总结正确的用力动作要领 5. 分组比赛 6. 教师和裁判员共同评判结果 要求：注意听讲，学会动作	3′ 15′	4～5 4～5 3～4 3～4 4～5	中

导入实施步骤	二、小游戏：圈内公鸡 方法： 在地上划一个直径为3米的大圆，所有参加者分散在圈内用一只脚着地站立，另一腿弯曲。当笛声响时，大家开始游戏，尽力使对方双脚着地或把对方赶出圈外		组织：如图  要求：掌握方法，遵守规则，即双脚着地或被赶出圈外者则被淘汰。能坚持到游戏结束者获胜	3′	3	中
	三、处方教学 1. 教学内容 (1)仰卧起坐 (2)30米跑 (3)前后滚翻 (4)前抛实心球 2. 动作要领(略) 3. 教学重点：完成练习 4. 教学难点：动作正确	教法： 1. 处方教学 2. 分组提示学习方法(看小黑板) 3. 巡回指导学生练习 4. 反馈评比	组织：分4组，由组长带领练习，按练习项目，分散在场地四周 ×××× ×××× 处方1 处方2 ×××× ×××× 处方3 处方4 学法： 1. 选项目，分组 2. 按要求由组长组织练习(见小黑板的处方) 3. 总结评比 要求：掌握学习方法	13′	3~4	中大

结束部分	一、放松舞蹈 二、总结 三、收器材 四、师生再见	教法: 教师学生听音乐一起做	组织:图略 要求:充分放松	5′	1	

	处方教学(一)	处方教学(二)
内容	仰卧起坐	30 米跑
目标	发展学生腰腹力量	发展学生速度素质
过程	1. 学习动作,小组长示范 2. 学生 2 人互助,中慢速做 5 个,练习动作(1 组) 3. 学生 5 人 1 组(2~3 组) 4. 30 秒计时(1 组)	1. 原地摆臂 10 秒(2 组) 2. 原地小步跑、高抬腿 10 秒(2 组) 3. 加速跑 20~25 米(2~3 次) 4. 30 米全程中等速度跑(3~5 次) 5. 分组比赛(1 次)

	处方教学(三)	处方教学(四)
内容	前后滚翻	前抛实心球
目标	发展学生腰腹力量	发展学生速度素质
过程	1. 前滚翻练习(团身紧、滚动快)(3~4 次) 2. 后滚翻(低头团身加快推手)(3~4 次) 3. 后滚翻评比练习,小组长评比(1~2 次) 4. 复习组合练习(2~3 次) 5. 组合动作评比(1 次)	1. 持球慢速上举(5 个)(2 组) 2. 持球快速上举(10 个)(2 组) 3. 有远度目标,向前抛实心球(3~5 次) 4. 向前抛实心球比赛(1~2 次)

六、教案的评价与拓展

教案的评价：这是一篇传统型教案，但教学内容安排是比较有特色的教案。1. 突出特点采用同质分组的方法，即根据每个学生身体素质差异分组。2. 教学内容丰富，一个主要教材和三个辅助教材，能够激发学生的学习兴趣，调动练习积极性。3. 在教学组织方面采用分组练习与集体练习相结合的方法，提高学生合作能力和集体主义精神。4. “处方教学”目标明确，具有很强的针对性，既能提高学生的自我认知能力又能提高学生自我评价能力。但是在投掷教学中有些内容过分强调技术动作，造成学生练习得比较被动，兴趣不高；教学评价的方法比较单一，可能会影响学生的学习效果。

教案的拓展：内容一教学可以打破传统的教学方法，采用情景教学或快乐的教学方式，更有利于提高学生练习的积极性和激发学生学习兴趣。处方教学发展学生身体素质更应丰富些，组织评价方法可以采用小组抽出 1 人做裁判互相评分，每个小组计算平均分等，或者将每个处方的学生分 2 组进行，这样更能调动学生的积极性。

体能教学模式

一、具体目标

为贯彻落实《体育与健康》课程标准，学校教育应树立“健康第一”的指导思想，在体育教学中，要面向全体学生，使不同水平学生的体能都得到发展，在原有基础上得到提高。为了激发中学一年级学生的锻炼兴趣和参与意识，我们设计了有一定革命传统情境的循环锻炼教学课。通过本课教学，学生能顺利完成障碍练习 1 ~ 2 次，提高学生战胜困难的勇气和信心，培养吃苦耐劳的精神。

二、学习任务

教学在体育馆中进行。首先我们充分利用馆内的各种器材、场地、空间设置了 30 多个练习站，并赋予了他们教育意义。这不仅能使练习符合学生的生理特点，还可以通过分组竞赛，促进学生的参与意识，提高学生的学习兴趣。其次我们对站点进行了有机组合，设置各式各样的障碍，让参加者利用所学本领，克服种种困难，增强体能，在完成一轮或几轮的练习后，提高学生的运动技能，培养他们坚强的意志品质和勇敢顽强的精神。

在教学过程中，我们采取学生自我评价和他人评价的方法，突出了学生的主体地位，活跃了学习气氛。

三、学习任务分类与具体学习条件

本课学习任务主要包括：运动技能、身体健康、心理健康等方面。此课突出特点是学生始终在新异刺激下进行学习，激发学生练习的兴趣。但用各种技术动作连续通过30多个练习站，容易使学生产生中途退却的心理，教师采用分组比赛方法，通过组间同学互相鼓励，促进学生共同完成学习任务。充足的器材是顺利完成此学习任务的保证，也是调动学生积极参与活动的条件刺激。

四、学习手段

本节体育课运用快乐和安全体育思想，在教学中运用示范法、分组练习法、循环练习法、比赛练习法等多种教学方法激励学生。在顺利跨越障碍的过程中得到身体和心理锻炼。

五、系统综合编写教案

教材内容	综合素质练习				
任务要求	1. 按要求完成所设障碍练习，提高技术与技能 2. 严格要求自己树立敢于战胜困难的决心 3. 培养大胆、勇敢、果断、顽强、不怕苦的作风				
课的结构	课的内容	教学时间	练习次数	组织与教法	个性培养思想教育
开始部分	常规教育 1. 体委整队、检查人数、服装、病事假 2. 师生问好、宣布本节课内容、要求 3. 安排见习生	2′		组织：四列横队，密集队形 ×××××× ×××××× ×××××× ××××××× ×	集体主义及组织纪律教育

准备部分	徒手操 1. 头部运动 2. 扩胸运动 3. 体转运动 4. 踢腿运动 5. 腰背运动 6. 下蹲运动 7. 正压腿 8. 侧压腿	6′	4×8 拍	教法: 统一指挥,集体做操 要求:动作规范,用力	自觉、认真
基本部分	一、练习设想 综合身体素质练习共设 30 个障碍或运动项目 游戏的规则与方法: 全场布置了 30 个障碍或素质练习项目,前进路线为 S 形,男生设 30 项,女生设 27 项,中间不得少做、缺做。同学之间可以互相帮助,(拉、推、扶)体现集体力量。宣布开始的同时开表计时,做完全部项目后,看哪一组平均用的时间最少,犯规最少为领先	2′		组织: 男、女生各一排 1~3 报数,男女混编成 3 个小组 教法: 每隔 10 个项目排一组,从不同点同时起动,循环练习	培养学生勇敢、果断、顽强、不怕苦的作风

	二、练习内容	33′		要求：	通过给部
	1. 慢跑		3圈	1. 围绕指定路线跑完	分练习站
				全程	点赋予一
	2. 走高吊桥		男2人	2. 设平衡木为桥，从	定的革命
			女1人	上面通过	传统内涵，
	3. 后滚翻		男5人	3. 跳起摸脚	培养学生
	4. 高跳		女3人	4. 设海绵坑为沼泽	热爱集体，
基	5. 过沼泽地			地带	继承光荣
	6. 引体向上、仰卧起坐		男3人	5. 男生做引体向上，	革命传统
			女5人	女生做仰卧起坐	教育
	7. 过独木桥			6. 用矮平衡木做独	
本	8. 过铁链		男	木桥	
				7. 用高单杠当铁链，	
	9. 摸高		3次	悬垂倒把而过	
				8. 男女各设一高吊	
部	10. 跳障碍		10个	球，连续高跳击球	
				9. 用小垫支成立体	
	11. 上山			墙，连续跳过	
				10. 用垫子堆成2米高	
分	12. 匍匐前进		5次	平台，爬上去跳下来	
				11. 女生用5个大垫	
				子搭成△形，从下面	
				钻过，要求两腿并拢，	
	13. 元宝收腹		3个	膝直，扶脚面	
	14. 越弹坑		男3人	12. 用单块垫子当坑	
	15. 前滚翻		女2人	13. 不准踩垫，连续做	
				前滚翻	

基本部分	16. 俯卧撑		男5人 女3人	14. 做俯卧撑要平起平落，屈肘	场下的鼓励、场上的努力结合，使他们产生勇于克服困难的决心，同时也能体察自己在身体锻炼方面与实际生活中的差距
	17. 过陡坡		2次	15. 用高跳箱竖放当坡从上面爬过	
	18. 过铁索		3次	16. 用低单杠做，男生手脚并用，女生可光用手	
	19. 分腿腾越		3次	17. 用山羊做分腿腾越	
	20. 钻洞		5次	18. 从乒乓球台下钻过	
	21. 翻墙			19. 用高跳箱横放翻过	
	22. 小臂屈伸		3次	20. 男女生分别用不同重量哑铃	
	23. 攀崖		5次	21. 用垒木，从一端最高处横过另一端	
	24. 斜过杆			22. 只用上肢力量通过练习	
	25. 双杠推起		3次	23. 男生做	
	26. 仰卧起坐		5次	24. 男生做	
	27. 过雷区			25. 把绳搭成网，跳空而过，不许碰绳	
	28. 翻越前摆下			26. 高双杠横放，男生翻过，女生做前摆下	
	29. 负重蹲起		3次	27. 男生做20公斤，女生做12公斤杠铃	
	30. 立卧撑		男12人 女10人	28. 做时腿尽量向后伸	

结束部分	1. 放松整理 2. 教师小结	5′		松散队形放松慢跑，或同学之间在体操垫上相互按摩	
负荷设计	1. 中上强度，运动量较大，双高峰曲线 2. 运动密度 45% 3. 学生自我感觉较累，但是充实，快乐			器材使用见附表	

六、教案的评价与拓展

教案的评价：体能教学模式的教案较有创造性，能充分利用场地和器材并能创造新的器材，同时给每个器材取不同而有趣的名称，学生做起来很有兴趣，很适合学生跃跃欲试的心理，调动积极性；同时进行分组循环练习能充分利用器械，综合提高学生的素质；但是由于场地器材多，占地面积大，教师顾不上，学生易偷懒；另外跳山羊，翻越前摆下、负重蹲起的安全问题很重要，需要合理安排和适当加保护措施。在完成障碍赛跑一轮中，最先完成难度障碍和最后完成难度障碍效果是不一样的，也应考虑此因素。

教案的拓展：体能教学模式可以采用程序教学方法，教师根据不同素质的学生，设计不同的程序，让学生根据自己的情况选择，具有很强的针对性；教学方法应采用语言鼓励、小组竞争的方式提高学生的积极性；评价方面应采用学生自评和教师评价，学生互相评价的方式，改善学生的注意力，缓解疲劳。

发现式教学模式：接力跑

一、具体目标

本节课以《体育与健康》标准的理念为指导思想，以“发现教学”模式的理论为基础，结合接力跑的教材与学生实际而设计。通过本课使学生了解提高接力跑的速度关键在于预跑时机，基本掌握接力跑的两种技术要领，能够在接力区内顺利地完成传接棒（1 ~ 2次）；围绕主课题，通过对具体问题的解决，要求每人最少发现一个问题或提出一个解决问题的方案，培养学生的探究意识。

二、学习任务

本节课选用的接力跑是第 2 课时（单元设置为 3 课时），教学对象是初二年级男生，共 40 人，自然教学班。接力跑的核心问题是在交接接力棒时不减速，在实际比赛中应不失误且能够最大限度发挥集体的力量。为此，我们围绕接力的方式和时机设计了若干链条式的“问题”，希望学生能够结合自己的认知水平和知识基础，去发现问题，这是本课学习重点；难点是预跑时机，在发现问题和解决问题的过程中掌握接力跑的动作技术。在整个学习过程中通过小组探讨问题和小组比赛的形式进一步促进同学之间的相互配合、积极参与任务的完成。

三、学习任务分类与具体学习条件

本课学习的任务主要包括：提高学生认知和技能学习水平，发展学生体能。在认知与技能学习方面，教师通过发现式教学模式积极引导学生对问题的思考、讨论、结论等条件刺激激发学生主动参与学习；教师的及时反馈引导学生对正确问题的认知；小组间的接力比赛是理论与实践相结合的过程，也是技能学习与改正的过程，能进一步提高学生练习的兴趣和积极性。在整个学习过程中，教师始终在积极引导学生进行主体性学习。

四、学习手段

（1）在本教材的第一节课，以“比赛”作为情景，进行初步的教学，使学生初步认识接力跑的关键技术在于传接棒。本课试想通过区域比赛的形式（接力区传接棒），让学生发现有效提高接力跑速度是掌握好预跑时机的关键。

（2）建立假说。在教学的开始，首先进行区域小比赛并记录，然后让学生分组讨论找出存在的问题，教师再根据关键问题，提供素材供学生参考。由于学生们的认知能力水平不一，所以解决问题的方法、途径是多种多样的，教师不应过早加以限制。

（3）验证假说。这是解决问题的过程，学习的过程，是培养学生探究性思维的关键所在。

（4）得出结论。由学生自己得出结论，但不排除有其他不同意见，如合情合理，教师要给予肯定。

（5）转化为能力。今后无论遇到何种问题，都以今天解决问题的"意识"来面对。

教学过程中应运用讲解与示范教学法、处方教学法和自我评价法、小组比赛法。由于处方教学要求教师提前根据学生身体素质的具体情况初步把学生分成4组，防止学生自己盲目分组。组长由小组成员共同确定。

五、系统综合编写教案

教材内容	1. 接力跑 课题:如何有效地提高接力跑的速度
教学任务	1. 通过本课使学生懂得,提高接力跑的速度关键在于预跑时机并掌握接力跑的练习方法,能够在接力区内顺利地完成传接棒 2. 围绕主课题,通过对具体问题的解决,培养学生的探究意识 3. 以小组学习的方式,提高"自律性",激发学生主动发展 4. 培养学生积极进取、团结合作、互助共勉的工作作风
重点:接力区内完成传接棒 难点:预跑时机	

教学结构	课的内容	时间	次数	组织与教法	思想教育力争体现“三主”
开始部分	一、课堂常规 1. 体委整队 2. 师生问好 3. 教师宣布本课任务	2′		组织:四列横队,密集队形 × △ 要求: 1. 站队快、静、齐 2. 声音洪亮	使学生在思想上尽快进入学习的准备状态
准备部分	一、准备活动 1. 徒手操6~8节 (1)以小组为单位,在规定的场地范围内进行练习,形式自定 (2)各小组长根据本课任务,组织同学做好每一项活动,使身体各部位进入准备状态 目的:学生已具备一定的能力,能够根据教学内容选择准备活动内容	5′		组织:分组不轮换 × × × ×　× × × × ○　组1图 × × × × × ×　○　×　组2图 × × × × × ○:体委 教法: 1. 讲解法 2. 分组进行练习 3. 教师观察练习效果,根据情况予以补充	强化团队意识培养良好的体育卫生习惯

基 本 部 分	分道比赛 方法： 全班同学分成几个练习小组，依照教师规定的顺序，进场地分道小比赛，要求学生在场地两侧相互观察，看存在哪些问题 1. 小组讨论 2. 教师听取各队的归纳总结 3. 教师针对典型问题进行启发式讲解 (1)传接棒技术选择  (2)站位要求 (3)能力互补的方法 4. 本课所要探讨的课题 如何有效地提高接力跑的速度 5. 改进接力跑的传接棒技术 根据教师提供的线索，针对自身存在的问题，围绕着本课课题，进行练习。组长做好本组的工作安排，对具体问	35′	1 2～3	组织：分组学习  教法： 1. 发现法、比赛法、重复练习法 通过比赛，能使问题表现得更加突出，以便能够较容易地发现它，从而使得教学能顺利展开 2. 组织比赛，教师做好计时 3. 小组讨论 (1)总结本小组存在的问题，并分析其产生的原因 (2)组长着手归纳，将主要问题汇总，代表全组汇报 4. 教师提供部分解决问题线索 (1)演示两种传接棒技术：上挑式、下压式，并讲解它们的优劣，上挑式要求换握，较稳定；下压式要求高度准确，不稳定 (2)结合具体现象，介绍简要竞争规则(区域限定、窜道)	促进形成团结合作、共商互勉的学习氛围 培养学生的探究意识，提高分析问题和解决问题的能力 教育学生，精湛的技巧来自平日的刻苦训练

基 本 部 分	题进行解决 6. 结论汇报 教师听取各组得出的结论汇报,不追究对错,要充分给予肯定 7. 教师解疑 影响速度的原因很多,但主要集中在: (1)对此项运动概念理解不深刻 (2)预跑时机掌握不好 (3)传接棒过程较长 其中最为关键的是预跑时机,解决此问题一般采用"口令法",传棒人通过口令进行联络 8. 组织分棒比赛 日的:各组展示本课的学习成果		3~4	(3)针对能力不一,提供解决方案。(因为学生的经验有限) 5. 教学步骤 (1)教师宣布课题 (2)学生分组进行练习,将练习成绩记录,并与基础成绩进行对比,看是否提高 (3)教师观察练习,效果适时予以诱导、帮助 (4)解疑:教师听取各组课题汇报,根据实际情况,运用诱导和揭示的方法,诱发学生得出正确的结论,并对"跑速"问题进行综述 (5)让处理问题较好的同学示范 (6)学生根据结论对接力跑技术进行改进和提高 (7)组织比赛:教师讲解比赛安排,要求各小组长交替发令,各组之间相互观察学习,并找出不足	使学生领悟到竞争的基础是团结合作

结束部分	一、游戏:“摸人” 方法:选一人将其双眼遮住站在场地中央,原地转3圈喊“定”,其他同学则在规定场地中静止不动,让其摸寻,摸到并猜中是谁,两人互换 二、小结 三、宣布下课	5′		组织:分组不轮换 将接力区场地一分为二,分两组进行 教法: 1. 讲解法 2. 游戏开始 3. 教师做课的总结:肯定成绩,指出不足,安排收放器械	器材: 1. 秒表4块 2. 接力棒8根 3. 夹板4块 指标预计: 1. 密度:30% 2. 运动量:140次/分

六、教案的评价与拓展

教案的评价:发现式教学模式适合当前教改的发展趋势。1. 教师从发挥学生的主体性出发，设计这节出色的教学模式。教学开始时创设比赛情景，建立悬念，给学生留有思维空间，调动学生动脑思考的积极性。准备活动的徒手操让组长带领大家进行，能提高学生的组织能力。2. 通过建立假说验证假说的过程培养学生的探究意识，让学生思考问题、讨论并回答问题，提高学生的分析问题和解决问题的能力。同时使此教学更生动、更能激发学生学习和锻炼的兴趣。不足之处：1. 准备活动让小组长带领，由于组长经验不足，理论知识匮乏，容易出现活动不充分现象。2. 教学比赛场地没有明确规定面积的大小，采用直径10米大小的圆进行比赛，这样容易控制。

教案的拓展：设计一个小型的接力区与正规的接力区相似。如用小红旗把接力区的面积标好，或让几个学生充当标志，这样既能观察接力的全过程又能理解犯规现象。

合作与竞争教学模式：立定跳远

一、具体目标

合作竞争型教学模式是在教师的指导和学生的参与下，通过运动的手段，利用适宜的条件，促进初三学生体育合作与竞争意识及其能力双重发展的一种教学形式。竞争与协作分别适合不同条件，一定条件下的竞争与协作具有辩证统一、相辅相成的关系，在竞争中体现团结协作，通过协作又激发竞争。本课具体目标：充分调动学生的主体参与意识，使100%的学生基本掌握正确立定跳远动作；每人掌握3种跳绳的方法，通过跳绳，进一步提高学生的合作竞争能力；利用适宜条件，促进学生合作竞争意识和能力的双重发展。

二、学习内容

本课针对有些初中生腿部力量差、跳跃能力弱的特点，选择立定跳远作为主要教材；通过跳绳发展踝关节灵活性，提高弹跳力，因方法多样、手脚并用、人数灵活，可充分体现竞争与协作。立定跳远的学习重点是起跳角度，学习难点是展体收腹和落地缓冲。

三、学习任务分类与具体学习条件

本课的学习任务主要包括运动技能、运动参与、社会适应、身体健康等方面。在立定跳远技术学习和身体素质练习过程中，采用递进人数为一组的形式进行练习，每次练习给学生提供一个新异刺激，激发学生的练习兴趣，学生更愿意参与练习；同时小组合作练习，加强了学生之间的合作与交往，提高了社会适应能力，学生进行技能练习和游戏练习的过程，提高了学生的跳跃能力。

四、学习手段

根据立定跳远教材的重点和难点，我们利用2人1组收腹跳的练习，体会“收腹”动作；利用4人1组练习立定跳远“慢动作”，体会立定跳远的全过程，建立正确的动作概念；利用8人1组的立定跳远接力比赛，巩固正确动作，提高学生练习的积极性。接力比赛进行2次，在第1次实力较平均的基础上进行调整，将胜组中跳得较远的同学和输组中跳得较近的同学互换，即采用同质分组的方法，激发小组之间的竞争，并加强团队的凝聚力。

在跳绳练习中，不以个人水平评价，而是以2人、3人、4人，甚至多人合作的成功与否为标准，通过多种多样的跳绳练习，使学生竞争合作能力与意识进一步提高。

在课的结束部分，学生根据4首不同节奏乐曲的片段组合，自编自舞、自我陶醉在音乐中。

整个教学过程，通过运用提问、思考、讨论、实践、评价、创造性学习等方法，为学生提供参与教学活动的机会，增强学生体质；通过集体合作完成教师的不同要求，奖励和加分相结合，促进学生合作竞争意识和能力的双重发展。

五、系统综合编写教案

教材内容	1. 立定跳远　　2. 跳绳
教学目标	1. 充分调动学生的主体参与意识,使每个学生都能基本掌握正确的立定跳远动作,并通过立定跳远接力比赛激发小组之间的团结合作,加强班集体的凝聚力 2. 通过跳绳,使学生的合作竞争能力进一步提高 3. 利用适宜条件,促进学生合作竞争意识和能力的双重发展
教学重点	促进学生体育合作与竞争意识和能力的双重发展
教材重点	基本掌握正确立定跳远的起跳角度
教材难点	展体收腹与落地缓冲
课后作业	提踵立40×2组　　收腹跳10次　　立定跳远10次
教学任务	1. 进行立定跳远练习,使每个学生都能基本掌握正确动作,增强下肢力量,提高跳跃能力 2. 通过跳绳,使学生的合作竞争意识和能力进一步提高 3. 利用适宜条件,不仅促进学生合作竞争意识和能力的双重发展,而且增强整个班级凝聚力

课的结构	课的内容	时间	次数	组织、教法与要求	个性培养 思想教育
开 始 部 分	一、体委整队 二、师生问好 三、报数 方法： 以10为最高指数，精神越好报的数声越高。教师可根据报数初步了解学生的精神状况 四、在音乐伴奏下的原地三面转法和双人操 1. 依次原地三面转法 2. 双人操 (1)头部运动 (2)上下压肩 (3)左右侧拉肩 (4)前侧压腿 (5)膝、踝运动 (6)“跳马” (7)“小推车” (8)“背人”放松(如图) 	2′ 7′		组织：两列横队，密集队形 × △ 要求：学生立正站姿，声音洪亮 组织： 1. 伴随着音乐两列横队由密集队形变为双弧形的做操队形 × × × × × × × × × × × × × × × × × × × △ × 2. 学生在教师的提示下做双人操 要求： 1. 音乐合拍 2. 互相配合	每日必有的体委整队师生问好，对学生进行礼貌性教育和养成性教育 原地三面转法培养学生组织纪律性和集体主义观念 双人操练习提高学生兴趣，培养音乐节奏感和互相合作

开始部分	五、游戏:打龙尾 方法: 游戏开始,教师发令后,圈外的人相互传递排球,捕捉时机,掷击“龙尾”。“龙头”可以用手挡打来的球;“龙尾”则迅速奔跑躲闪,以避开来球。如果“龙尾”被球击中,则担任“龙头”,圈外的人,再打新的“龙尾”。依次类推,直到全队均担任过“龙尾”,并被击中为止;然后,与第一或第二队互换角色,游戏继续进行 规则: 1. 掷击者必须站在圈外。不得踏、越线 2. 只准掷击“龙尾”的腰部以下部位 3.“龙头”“龙尾”必须保持纵队队形。“龙尾”不能蜷缩在队伍内,队伍也不能断开	6′		组织:(如图示)在场地上划一个直径为 10 ~ 12 米的圆圈,将学生分成人数相等的 3 个队。一、二两队的学生均匀地站在圆圈线外,由 1 名学生持球准备掷击“龙尾”。第三队成纵队,后面的人扶前面人的腰站在圆圈内  要求: 1. 整组须团结合作,灵活躲闪,在去打“龙尾”时,“龙头”要注意挡击来的球 2. 教师的判决要及时准确 积分评定: 按各组“龙尾”变成“龙头”的时间长短评判胜负,时间长为胜,时间短为负	通过 2 人、4 人和多人的游戏,增强学生之间的信任感,更加紧密团结 培养灵活、敏捷、反应迅速能力,提高投掷的准确性

基 本 部 分	六、立定跳远 动作要领： 两臂用力摆 起跳用力蹬 大腿胸前收 小腿朝前伸 落地要缓冲 重点： 基本掌握正确立定跳远起跳角度 难点： 展体收腹与落地缓冲 接力方法： (1)第二个人的起跳点是第一个人的落地点 (2)实力较平均的分配每一个组，进行第一次比赛 (3)第二次比赛时，将胜组中跳得较远的同学和输组中跳得较近的同学互换	15′	3～4 3～4 3～4	组织： 1. 2人1组利用篮球场分散练习 2. 4人1组利用篮球场分散练习 3. 8人1组利用篮球场进行接力比赛 ×.　×　××.　×× ××.　×　××　×× × 教法： 1. 教师做一人跳侧面示范 2. 教师和体委做2人1组的示范动作 3. 2人1组：一人收腿屈膝跳；另一人托其两手向上用力，体会立定跳远中收腿动作 4. 4人1组：一人跳，另两人一手托其上臂，另一手拉手；最后一人喊“一、二、三、跳！”体会立定跳远的蹬地腾空动作 5. 4人1组：互相指导进行立定跳远的完整练习	培养同学之间互相帮助互相协作的好作风 通过接力比赛，在团结合作的基础上激发小组之间的竞争，加强整个班级的凝聚力

基 本 部 分		10′		6. 8人1组:进行立定跳远接力比赛,第二个人的起跳点是第一个人的落地点 要求: 1. 前三种练习,学生之间互相配合、互相帮助,认真领会教师意图,体会动作 2. 接力比赛中,遵守规则,在团结合作的前提下开展小组之间的竞争 积分评定: 1. 第一、二次比赛获胜的组按照名次,分别得4、3、2、1分 2. 第二次比赛时跳得较远的同学被换走的一组,如果比第一次跳得还远,先加1分,再按比赛顺序加分	利用跳绳的练习培养学生团结合作与竞争能力及意识的双重发展 通过跳绳发展踝关节灵活性及弹跳能力
	七、跳绳 两人跳绳的方法: 1. 前带人跳 2. 后带人跳 3. 水平站立外侧手摇绳原地跳			组织:1. 2人、3人或4人进行跳绳时都按一个方向练习 	

基 本 部 分	(4)水平站立外侧手摇绳行进跳 三(四)人水平站立,两边同学外侧手摇绳,中间一(二)人一起跳			2. 16 人“8”字跳绳接力比赛时,每队各用半个篮球场 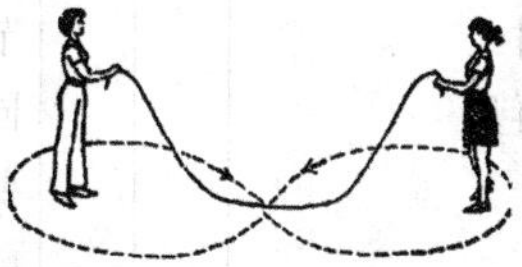 教法: 1. 提问“两人原地或行进跳绳的种类有多少呢?” 2. 学生回答并练习 3. 4 人 1 组:3 人行进跳绳,另 1 人指挥节奏或进行指导 4. 4 人一起行进跳绳 5. 抽签分组,16 人一大组,进行 2 分钟的“8”字跳绳比赛 要求: 1. 开动脑筋、活跃思想 2. 体会与理解他人,互相合作、互相竞争 积分评定: 胜负 4 组根据名次分别加分	通过多人一起跳绳或比赛,培养学生团结合作与竞争的双重发展

结束部分	八、结束部分 1. 听音乐做动作 2. 教师小结 3. 收器材 4. 师生再见	5′		组织:学生在篮球场任意位置,随意组合 教法:根据教师所放音乐节奏的不同做出相应不同的动作 要求: (1)动作和音乐配合协调 (2)自我放松,自我陶醉在音乐中	培养自我表现、自我创造、自我欣赏、自我实现的个性
器材:跳绳 16 根 录音机 1 台 小黑板 1 个		课后小结:			

六、教案的评价与拓展

教案的评价：1. 合作与竞争教学模式的教案主要组织形式是小组学习为主，教学组织有分有合，便于学生自由组合，提高学生的合作能力。2. 动作要领变成顺口溜，有利于学生记忆、掌握。在整个教学过程中，教师设计一系列的合作与竞争的教学程序，教师与学生的相互作用以小组为中介，有助于淡化班级授课制中师生间的单向权威关系，更好地发挥教师对全班学生的控制和管理作用。3. 在整个教学过程中运用提问、思考讨论、实践、创造性学习方法，培养学生合作创新意识，充分调动学生参与的主动性、积极性，提高学生学习能力；此教案的教学目标和教学手段（开始部分和结束部分引用音乐）注重学生的心理素质和非智力因素及人际关系、社会化道德品质的养成，培养学生人际交往能力，养成文明礼貌行为，充分发挥集体合作与竞争的优势，提高学生的竞争与合作意识，促进学生身心健康发展。当然也有不足之处，学生进行自主学习，有时花费时间多，缺乏系统性和全面性，教师的主导作用不能充分发挥。

教案的拓展：立定跳远可以采用辅助教学手段。如在起跳线稍靠前的位置，每小组有 2 个人手拿皮筋高于地面（不要太高），这样，提高学生起跳角度和高度等；3 人或 4 人的跳绳方法可以采用辅助器械练习。如传球跑，更能提高学生的活动兴趣。

向导式教学模式：弯道跑技术

一、具体目标

依据《课标》要求和体育教学论有关理论，以全面锻炼学生身体，促进学生身心全面发展，提高学生的身体素质和运动技能为主要目的，结合我校初中学生的具体情况和教学计划，确定弯道跑为本课教材。本课主要目的是通过合理教学过程，提高学生练习积极性和趣味性，使枯燥的弯道跑变得有趣，使 90% 的学生基本掌握弯道跑技术；提高学生自我学习、主动发展的能力；使 90% 以上的学生增强环保意识；学会利用脉搏控制运动量。

二、学习任务

弯道跑是中学学习的基本教材之一。通过弯道跑的学习可以增强学生速度素质，身体协调性和平衡能力，同时为跑好 800 米、1 000 米打下基础。从技术角度看，掌握弯道跑意味着在弯道上的重复练习，所以许多学生感到枯燥乏味。本教案通过卡片和游戏等方法改善学起来枯燥的局面；教材二是环保大行动，通过此游戏能提高学生快速反应和奔跑能力，同时还能提高学生的环境保护意识。教材重点：侧身倒和摆臂技术；教材难点：身体向内倒和右脚内、左脚外蹬地。

三、学习任务分类与具体学习条件

本课的学习任务主要包括：技能技术类、生理健康、心理健康运动参与等方面。在学习弯道跑技术中教师利用情景导入和提问质疑的方式吸引学生的注意力，然后让学生持有新异刺激的矿泉水瓶子体验弯道跑技术。之后教师通过卡片教学引发学生思考解决问题，最后教师归纳总结技术要领。在学生练习过程中，点号追逐跑形成新异刺激，学生处在积极思考和积极练习中，并没有感到弯道跑的枯燥乏味。游戏“环保大行动”将课堂气氛推到高潮，学生在愉快的气氛中得到身体和心理的放松，同时受到环境保护的教育。

四、学习手段

准备部分：课前教师根据本节课的内容，把任务布置给学生，让学生自制哑铃，即矿泉水瓶里面放石子（不要太重）。这样能充分调动学生积极性，哑铃操能提高学生的表现力和节奏感。

基本部分：根据弯道跑教材的重点和难点，我们首先通过提问导入带有弯道跑的项目，激发学生想学想练的想法。专项准备活动通过营造在路上“开车”的情景，利用“一挡、二挡”等形象的语言激发学生的想象力，提高练习兴趣。在弯道跑教学中，利用观察法、模仿练习法、讨论归纳法、口诀记忆法等能充分发挥学生的主体性，积极主动思考，提高学生的思维能力、发现问题、分析问题能力。在组织上通过游戏进一步巩固弯道跑技术。游戏“环保大行动”，进一步提高学生合作与竞争能力和意识。

在课的结束部分，学生根据音乐做心理和身体的放松，注重学生的身心健康。

五、系统综合编写教案

主教材	弯道跑技术教学(新授)
辅助教材	游戏“环保大行动”
认知目标	通过学生对弯道跑的体会练习,使学生理解弯道跑技术,并提高学生观察模仿能力
运动技能目标	通过学生对弯道跑技术的学习和强化练习,使学生能正确熟练掌握技术要领,完成技术动作,部分学生能达到自动化(紧压弧线快速奔跑的目标)
生理目标	全课平均心率达到 120~150 次/分,提高心、肺机能

<table>
<tr><td>心理健康目标</td><td colspan="4">启发学生对本课教材感兴趣，愿意学习，并积极配合教学，提高意志力</td></tr>
<tr><td>教材重点</td><td>在弯道上实现加速跑</td><td rowspan="2">器材场地设计</td><td colspan="2" rowspan="2">器材：绸带（绳）1 条（15m）
录音机 1 台
小黑板 1 个
矿泉水瓶若干</td></tr>
<tr><td>学习难点</td><td>（1）克服离心惯性，积极保持身体平衡
（2）建立在弯道上跑的意识</td></tr>
<tr><td>导游进程</td><td>课的内容</td><td colspan="2">组织、教法与要求</td><td>时间分配</td></tr>
<tr><td>开始部分</td><td>一、课堂常规
1. 体委整队，报告人数
2. 师生问好，宣布本课任务
（1）弯道跑技术学习
（2）游戏

二、集中注意力练习
蛇形跑
方法：全班站成圆圈，按 1 ~ 2 报数，并逆时针慢跑。当教师喊“1”时，则所有“1”数停步原地站立，“2”数同学绕“1”数向前做“S”形跑。教师喊“2”时，则“2”数同学止步站立，“1”数同学绕“2”数向前做“S”形跑
规则：
1. 叫某数后，该同学不得向前跑动
2. 不可变速，不许超越前者
3. 止步站立者，不得故意阻挡跑者</td><td colspan="2">组织：四列横队，密集队形
c c c c c c c c c c
c c c c c c c c c c
× × × × × × × × × ×
× × × × × × × × × × ×
△
要求：快、静、齐
组织队形：四列横队形成同心圆
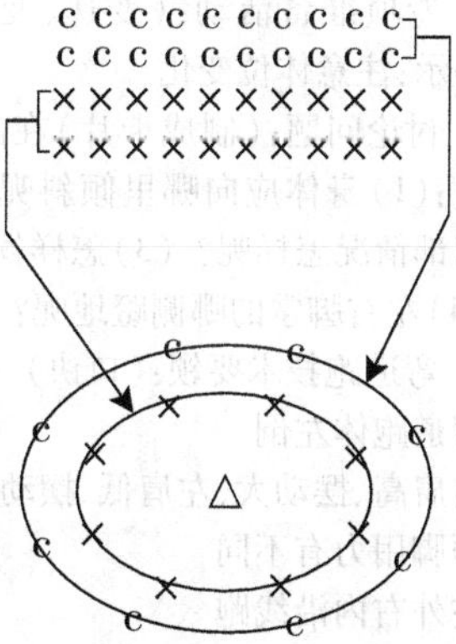
要求：注意听信号，起动和止步都需要快，保持间隔</td><td>1′

4′</td></tr>
</table>

开始部分	三、自制哑铃操 1. 伸展运动 2. 胸部运动 3. 腹背运动 4. 跳跃运动 5. 整理运动	组织:队形同上,师生一起做 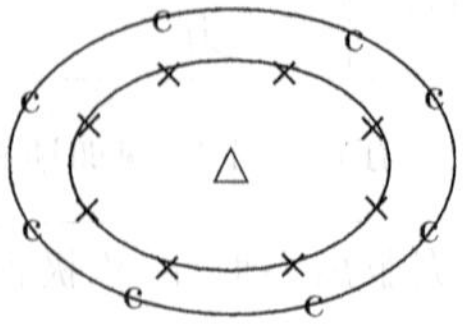 教法: 1. 配合音乐,师生一起做自制哑铃操 2. 学生拿起体前装石子的矿泉水瓶模仿教师做操 要求:配合音乐,动作规范,大方;用心体验动作的美	4′
基本部分	一、弯道跑技术 1. 课的导语:(1)同学们,校运会上哪些跑的项目需要经过弯道呢?(2)800 米,1 000 米在 200 米跑道上要跑多少个弯道呢? 2. 专项准备活动:(变速、变向跑) 提示:注意体位变化 3. 讨论问题:(制成卡片)在跑弯道时:(1)身体应向哪里倾斜呢?(2)肩部情况怎样呢?(3)怎样摆臂呢?(4)左右脚掌的哪侧蹬地呢? 4. 弯道跑技术要领:(口诀) 弯道跑体左倒 右肩高、摆动大,左肩低、摆动小 两脚用力有不同 左外右内沿线跑	组织:队形同上 教法: 1. 教师在圈内进行示范和讲解练习方法 2. 学生各持一矿泉水瓶做“车把”,外圈男生逆时针跑动,内圈女生顺时针跑动 3. 教师指挥,根据教师的口令哨音进行变速跑:一挡、二挡、三挡、四挡、加快、五挡、减一挡、再减一挡…… 哨音:快慢变化 4. 分发卡片后,点人(或学生自愿报名)逐一问题进行示范,教师提示学生观察和讨论。对第二问,建议学生展开双臂做飞机奔跑状,启发学生想象力 5. 让学生归纳后,高声念两遍顺口溜,要求能初步记忆,课后熟记 要求:学生要边观察、边模仿、边思考,认真回答问题	5′

基	练习(强化量) 1. 每组由小组长带领跑小圈,体验动作要领 2. 按序号每人体验一次,女生内圈,男生外圈,然后男女生互换营地再体验一次 3. 点号追逐跑(1 周次) 教师用口令加手势点号,尽量保持每位学生有 2 ~4 次机会 提示:学生被追到者,罚男生俯卧撑 1 次,女生蹲跳起 1 次 主要学习方法:观察法、模仿练习法、讨论归纳法、顺口溜记忆法等	组织:学生分四组密集队形 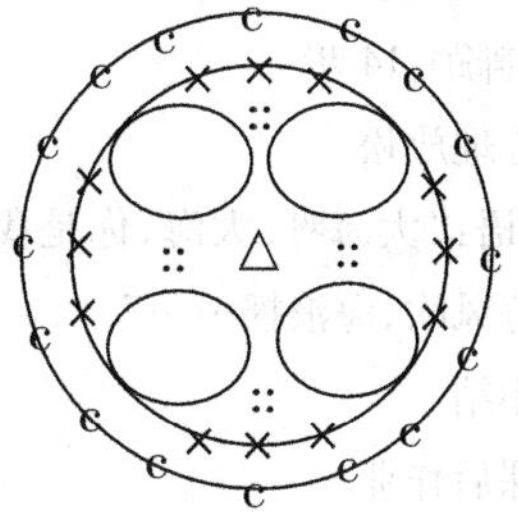 :: 代表矿泉水瓶 教法: 1.4 组由小组长带领进行 2. 变成 2 组,女生内圈,男生外圈,每人体验一次后互换位置。	16′
本 部 分	二、游戏 名称:“环保大行动” 目的:活动上肢,并渗透环保教育 方法:听到教师的口令,两个见习生在大圆圈中线拉一条绸带或绳子,(长15 米,高约 50 厘米)。其他学生快速拿好矿泉水瓶,分两队站在带子的两边,男生站北面,女生站南面,看哪组站得整齐、快,同时每队各派 2 名保洁员到对方后面。教师吹哨,学生将矿泉水瓶投到大圈内以示污染,而保洁队员以最快的速度抢瓶并放入“垃圾箱”,被放入“垃圾箱”的瓶,不准再拿起掷,最后以“垃圾箱”的瓶最多为优胜 罚则:负方集体唱一段歌 游戏时音乐:“运动员进行曲” 次数: 2 ~3 次	要求:体验跑时速度不要太快 3. 点号:追逐应追逐对面组的同号,也可追逐前面所点的号,只跑 1 周,教师要把握好学生间的间隔距离 组织:如图 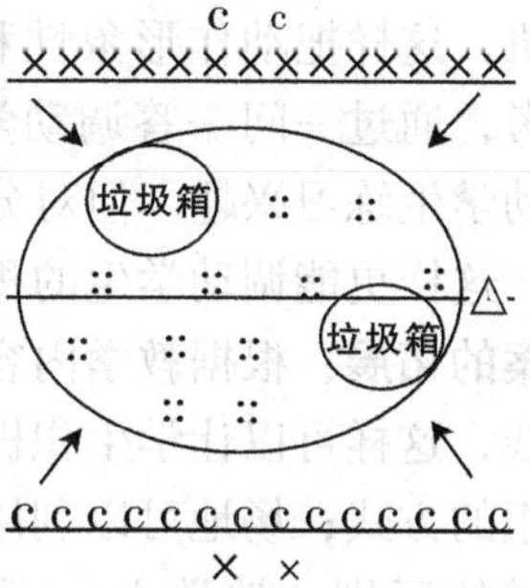 要求:矿泉水瓶不能投出大圈外面,而且高度不超过带高。其他同学场外加油不能乱跑	10′

结束部分	一、生理放松 集体舞蹈:14 步 二、心理放松 暗示语:"大海呀,大海,你是我的故乡;海风吹,海浪摇……" 三、小结 四、课后作业 跑篮球场中圈和 3 分线各 20 次 五、收器材,带矿泉水瓶出课堂 六、师生再见	组织:二列横队 × × × × × × × × × × × △ c c c c c c c c c c c 教法: 1. 轻音乐"大海呀故乡",散点学生做体验暗示语的意境,闭目冥想,集中想象大海的宽广胸怀 2. 用心体验动作的优美,消除疲劳	5′

六、教案的评价与拓展

教案的评价： 向导式教学模式教案富有新意。1. 教学内容丰富，蛇形跑游戏与主教材密切联系；2. 质疑，让学生带问题在实践中体验动作要领；3. 动作要领口诀化，简单容易记忆，将动作形象地比喻成飞机，这样把动作形象性和思维结合起来；4. 注意让学生边学习边思考，通过一问一答调动学生的积极性；5. 教学组织形式多样化能调动学生练习兴趣。但对分组可以采用异质分组或同质分组的方法进行，这样更能调动学生的积极性。

教案的拓展： 根据教学内容，可以充分利用矿泉水瓶作为弯道跑的标记线，这样可以让学生积极活动起来；游戏分组可以采用男女生合作分组的方式；场地可以利用直道进入弯道的形式，让学生体验弯道、直道的区别；教学方法可以采用分组比赛的形式调动学生积极性。

成功体育教学模式：跳箱分腿腾越

一、具体目标

本节课以《体育与健康》标准的教学理念为指导思想，以新的学习评价理论为依据，以“成功体育教学”模式的理论为基础，利用跳箱分腿腾越为“媒介”，结合学生实际而设计。本课具体目标是：每人根据自己的情况选择不同难度的跳箱，基本完成跳箱3～4次；学会保护帮助的方法；了解实现自定目标可能遇到的困难；通过完成不同难度的跳箱逐步增强自信和自尊。

二、学习任务

跳箱分腿腾越是初中三年级的教学内容，它是在初二年级学习屈腿腾越的基础上丰富支撑跳跃的内容。通过练习，发展学生腿部、臂部和肩带的力量及速度和灵敏素质，提高协调能力和跳跃障碍的能力。同时，培养学生勇敢、果断和顽强等品质。

本节课是分腿腾越的第一课时。这节课的主要任务是通过练习让学生熟悉器械，消除对器械的畏惧心理。通过自己的努力并结合自己的实际，确立具体目标，达到跳跃障碍的目的，从而获得心理上的成功感，增强自信心，并在此基础上学习分腿腾越的基本技术。

教材重点：培养学生越过障碍的能力；教材难点：学生掌握舒展、优美的腾空姿势。

三、学习任务分类与具体学习条件

本课学习任务包括分腿腾跃技能的学习，发展跳跃能力、协调性等身体素质，增强自信、克服困难的勇气等心理健康等方面。教师根据学生对跳箱学习易产生胆怯心理，采用了由低到高逐渐学习的方式，学生通过选择器械的高度进行练习，提高练习兴趣，同时消除害怕的心理，通过提高器械的高度建立战胜困难的信心和勇气；学生在练习过程中根据目标进行自我评价，自主选择练习器械能充分调动学生学习的积极性；学生自我选择球类练习并且进行自我管理，既能激发学生参与体育活动的兴趣，又能促进学生建立良好的人际关系和形成良好的体育道德；场地器材是完成此体育课的重要条件，同时形成新异刺激，对学生的学习起到良好的促进作用。

四、学习手段

教学过程中应运用语言法、程序教学法、自我评价法和目标设置法。由于是新授课，部分能力较差的学生会对器械产生畏惧心理，因此在器械准备上选择了一组由易到难的器械：跳箱盖、小垫子、山羊、低跳箱（四层）和标准的五层跳箱。

准备部分：用行进间的身体活动代替徒手操，让学生针对教材内容自己选择专项准备活动的方法。

基本部分：教师利用语言提示学生开动脑筋，首先运用自己可以完成的方法，越过难度较小的障碍物（如小垫子或跳箱盖），并且从单脚起跳过渡到双脚起跳。其次，当学生初步适应了较低难度的障碍物后，对跳跃障碍物有了一定的信心，就转入到利用跳箱进行的练习。此时，不限制学生选择跳跃的方法，可自由选择，但强调双脚起跳并加强保护帮助。最后，教师通过示范、讲解和图示使学生对分腿腾越技术有一个初步的了解。学生应根据个人实际能力，选择山羊、低跳箱和高跳箱完成分腿腾越的练习，并制订自己的练习目标。教师还应根据他们的自我选择目标的适度程度和努力超越自我的行为进行表扬和鼓励。

结束部分：教师应给予每位学生的努力以肯定和鼓励，帮助学生确定下次课的目标。

五、系统综合编写教案

教学内容	1. 分腿腾越(1)　　2. 活动(4)
教学任务	1. 通过练习,使学生初步建立分腿腾越的技术概念 2. 提高学生跳跃障碍的能力,发展学生的速度和灵敏素质 3. 培养学生勇敢、果断、顽强的品质 4. 增强学生的自信心

课的结构	课的内容	时间	次数	组织、教法与要求	个性培养思想教育
开始部分	一、体育委员集合整队、报告人数 二、师生问好 三、教师宣布课的内容和要求 1. 分腿腾越 2. 活动 四、安排见习生	2′		组织：四列横队，密集队形 × × × × × × × × × × × × × × × × × △ 要求：集合整队要求“快、静、齐”精神饱满、注意安排、勤于思考、认真练习	培养学生的集体意识
准备部分	一、行进间身体活动 1. 慢跑中双手在身后交替触脚后跟 2. 慢跑中所听哨音蹲下双手触地迅速站起继续前进 3: 慢跑中听哨音原地转 1 圈后继续前进 4. 2 和 3 结合 二、专项准备活动	5′ 10″ 3″	2 2 2	组织：体育委员带队沿 2、3 号篮球场边线慢跑，听哨音做动作 × × × × × × ← × × ↑ × × × × × × 教法： 1. 教师示范 2. 学生练习 要求： 1. 慢跑中调整好前后距离 2. 完成动作迅速敏捷 组织：在 2 号篮球场散开，自己做准备活动 要求： 1. 结合教材特点 2. 准备活动充分合理	激发学生练习兴趣迅速融入课堂练习气氛中 培养学生自主性和自我管理意识

基 本 部 分	一、分腿腾越 动作要领：助跑、双脚上板踏跳，直臂顶肩推撑器械，同时分腿前摆，越过器械后抬头挺胸展髋，屈膝缓冲落地 重点：消除畏惧心理，腾越器械 难点：腾空后的展体动作	20′		组织： 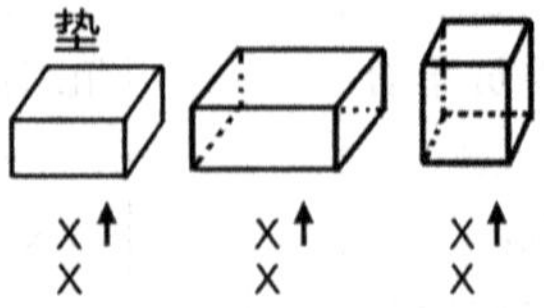 教法： 1. 单足跳过跳箱盖或小垫子 语言提示：根据实际能力选择器械，努力用不同的姿势和不同难度的动作完成练习 2. 双脚起跳过障碍，双脚落地 语言提示：同 1 3. 手脚支撑过跳箱 语言提示：(1) 自己选择支撑方法；(2) 每组选出 1 名同学做保护与帮助，然后完成练习的同学举手示意，给下一名同学做保护与帮助（保护者站在练习者落地点附近，双手扶上肢进行保护与帮助） 4. 手支撑过障碍	利用跳箱盖和小垫子练习使每一个学生都有信心地进入跳箱运动 培养学生的想象力和创造力 培养学生勇敢、顽强的品质

基本部分				语言提示:(1)努力用更新、更好的动作越过障碍。(2)加强保护与帮助 5. 教师示范分腿腾越并讲解动作要领和保护与帮助方法 6. 学生分腿腾越练习 语言提示:(1)根据实际能力选择器械;(2)自己设置目标,并进行自我评价;(3)加强保护与帮助 设置目标建议: 根据能力设置一个自己通过努力可以达到的目标,先从较低难度的器械练习,能够熟练并准确完成后进入较高难度器械练习,直到达到目标 7. 完成目标的学生进行搭配教材的活动	启发学生设置恰当、明确的目标,提高认知能力,通过对目标的实现和自我评价,获得成功感,增强自信心
	二、自选活动 篮球、排球、羽毛球等	12′		组织:自己选择器材,自己选择练习伙伴,自己选择练习方法 场地:2、3 号篮球场 要求:不要互相干扰	提高学生的兴趣和爱好,培养自我管理意识和能力

结 束 部 分	一、放松整理 1. 拍打揉捏放松（小腿、大腿、手臂） 2. 拉伸放松 两手交叉，两臂上举伸展；坐在地上压腿部韧带 二、小结课的情况 三、师生再见 四、组织学生回收器材	2′ 1′		组织：在2号篮球场自由散开 教法：在教师提示下进行放松 要求：以鼓励为主，充分肯定学生的努力	激发学生继续学习的兴趣
场地器材	篮球场，器材：1. 五层箱一套；2. 四层箱一套；3. 山羊1个；4. 海绵垫2个；5. 跳箱盖1个；6. 踏板3个；7. 棕垫12块				

六、教案的评价与拓展

教案的评价： 1. 成功体育教学模式最突出的一点是让学生根据自己的能力来选择跳跃障碍的高度，从而克服部分能力较差的学生对器械产生的畏惧心理，通过学生一步步成功逐渐提高学生对跳跃器械的勇气，使所有的学生在体育课中获得成功，从中体验快乐。2. 教师鼓励、启发的教学给予学生以设置恰当、明确的目标勇气和信心，提高学生的认知能力，从而提高学生的正确评价的能力，从中获得成功感，增强自信心。这些体现素质教育的精神。当然，此教案也有不足之处。例如，专项准备活动自己安排虽然能提高学生的自我活动能力，但应有教师的合理指导，尤其对跳箱这样有难度的体育课。

教案的拓展： 对体育课的评价还可以采取不同的比赛的方法，这样更能体现成功教学的特色。例如，根据学生能力合理分组，通过学生选择的不同高度的器械和完成动作的质量为标准给学生评分，然后统计小组或个人的总分，和以前的分数相比就能看出小组或个人进步的程度。

体育技能教学模式：背越式跳高

一、具体目标

本课的主教材是背越式跳高，为了使学生更好、更快掌握背越式跳高技术，我们设计了一节体育技能学习的教学课。在体育教学中，为了面向全体学生，使不同水平的学生都得到指导和帮助，并在原有基础上得到发展，让学生做课堂的主人，促进学生主动发展，完成技能学习以“教”为中心到以“学”为中心的转变。通过本课学习，学生能基本掌握助跑与起跳相结合的技术，并成功完成4~6次；掌握测量负荷一种常用方法；发展学生快速奔跑能力。

二、学习任务

背越式跳高的学习是在初中一、二年级学习跨越式跳高的基础上进一步拓展学习。本节课将初步学习和掌握背越式跳高技术，进一步丰富跳高的有关知识。重点：基本掌握助跑与起跳相结合的技术，难点：起跳腿、摆腿与臂的协调配合。通过教与学，启迪学生思维，提高学习运动技术的自觉性，培养学生对体育学习的兴趣，体验体育活动的乐趣，培养克服困难和坚忍不拔的精神。

本节课选择的游戏主要是在一定情境中，复习传接棒技术，巩固弯道跑技术（与背越式跳高形成正诱导关系）。通过游戏使体育教学更加生动活泼，增加学生对体育的兴趣，全面发展学生的身体素质，激发学生的竞争意识和团结协作的集体主义精神。游戏的重点：弯道跑技术；难点：传接棒技术。

三、学习任务分类与具体学习条件

本课学习任务主要包括技能学习、身体健康、运动参与、社会适应等方面。在技能学习过程中教师采用起跳和助跑2步教学方法，在每一步中学生采用“小步子”学习，从而每一步形成一个新异刺激，提高学生的练习兴趣。教师提问、学生分小组练习、教师及时反馈进一步促进学生完成任务。游戏“圆周接力”既是对弧形助跑的复习与提高，同时减小教材的枯燥性，提高学生练习兴趣与积极性，发展学生快速奔跑能力、培养学生勇敢、团结协作的精神。

四、学习手段

1. 通过看录像、图解、教具、教师示范，加强学生对动作的直观理解。再通过教师质疑启发和学生间的互教互学，加强对动作原理的理解，发展学生智力。

2. 在学生交往中，通过自我评价和互相评价，培养团结协作、助人为乐的良好个性，以及对自我的认识。

3. 学生学习要以教师提出的教学目标为基础，按自己的基础制定个人的学习目标。在学生分组练习过程中采用同质分组的方法，这样基础较好的学生，能完成更高水平的动作；一般水平学生要完成好本次课的任务；学习有困难的学生，教师要重点帮助并提出学生适当的目标，并努力实现目标。教师应做到因材施教，区别对待。

4. 在教学组织上采用集体与分组练习相结合的方法。

五、系统综合编写教案

初三年级 5、6 班女生　　　学生 40 人

本课教材	1. 背越式跳高：学习助跑与起跳相结合技术 2. 游戏：圆周十字接力
本课任务	1. 初步学会弧形助跑、起跳及助跑与起跳相结合技术。发展学生跳跃和协调性 2. 通过十字接力在复习传接棒技术的同时进一步掌握弯道跑技术，发展学生快速奔跑能力 3. 学会一种测量脉搏的方法：触摸颈动脉的方法 4. 培养学生勇敢、团结协作的精神
教学重点难点	背越式跳高重点：助跑与起跳的配合；难点：起跳腿、摆腿与臂的协调配合 游戏重点：弯道跑技术；难点：传接棒技术

课的结构	课的内容	时间	次数	组织教法与要求	教学内容
开始部分	1. 体委整队，报告出勤人数 2. 师生问好 3. 教师宣布课的内容 4. 队列练习“梯形散开” 5. 韵律操 (1)原地踏步 (2)伸展运动 (3)头部运动 (4)扩胸运动 (5)体转运动 (6)髋部运动 (7)全身运动 (8)跳跃运动 (9)整理运动	1′ 1′ 4′	1 次 4×8 拍	组织：四列横队，密集队形 要求：精神饱满，队列整齐，服装统一 组织：由上一个队行开始 教法：听到口令后开始变换队形 要求：动作整体划一 组织： ×××××××××× ×××××××××× △ 教法： 1. 在教师（镜面）带领下大家随着音乐一起练习 2. 教师用语言进行提示 要求： 1. 动作与音乐合拍 2. 动作到位	培养学生的组织性、纪律性 发挥学生自我表现力，培养节奏韵律感，陶冶情操
基本部分	1. 背越式跳高 (1)学习起跳技术 起跳动作要领： 起跳脚顺着弧线的切线方向踏上起跳点，脚跟先着地，然后迅速过渡到全脚	 7~9′		组织： ××××××××× ××××××××× △ 教法： 1. 教师示范并讲解起跳技术动作要领	培养学生的创造性思维，培养学生克服怕脏、怕累等畏难情绪

基 本 部 分	掌着地。由摆动腿一侧的髋和摆动腿向内上摆动，使身体成背对横竿，两臂配合向上提肩摆起，起跳脚迅速蹬地起跳	6～8′	3～5次 3～5次 3～5次 4～6次 2～4次	2. 学生随教师一起做原地摆臂练习 3. 学生随教师一起做原地放脚、摆腿、摆臂练习 4. 学生随教师一起做上一步放脚、摆腿、摆臂练习(起跳腿不跳离地面) 5. 学生随教师一起做上一步放脚、摆腿、摆臂练习(起跳腿跳离地面) 6. 学生分成4组做上一步放脚、起跳、摆动腿触球的练习，学生互相学习，互相纠正(如图)  7. 教师巡视并纠正错误动作 要求： (1)认真观察教师示范动作 (2)在练习中体会动作要领 (3)按教师的要求完成练习次数	培养学生勇敢果断的精神，发展团结友爱、互学共进的精神

基本部分	(2)学习弧形助跑技术 动作要领： 身体应向弧心倾斜，与普通弯道跑相近似，只是身体重心的上下起伏不要太大 重点：身体内倾外侧臂摆动幅度加大 难点：控制身体的能力 提出问题： 1. 在直线上跑与弧线上跑时的感觉是否一样呢？ 2. 应该怎样在弧线上跑进呢？ (以上问题穿插在教法中完成)	8~9′	2~4次 1~2次 1~2次	组织： ×××××××××× ×××××××××× ×××××××××× 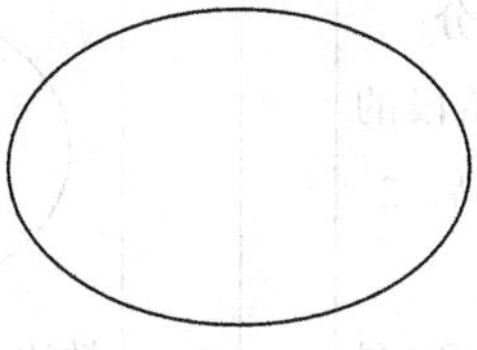 教法： 1.1~3排和2~4排的学生分别在直径15米的圆周上做加速跑的练习 2. 教师提出问题，根据学生的回答总结弧形助跑的技术要领 3.1~3排和2~4排的学生按照弧形助跑的技术要领在直径15米的圆周上做加速跑的练习 4. 每组学生分别做由直线进入弧线助跑的练习 5. 教师用语言提示，并纠正学生的错误动作 要求： 1. 认真观察教师示范动作 2. 在练习过程中体会身体内倾 3. 在由直线进入弧线助跑时要求过渡自然，速度逐渐加大	培养学生分析问题、解决问题的能力，提高学生练习积极性

基本部分	(3)学习助跑与起跳相结合技术 助跑与起跳相结合技术包括三部分: ①准备起跳阶段的助跑技术(最后二、三步) ②进入起跳阶段(最后一步)的助跑技术 ③起跳阶段(起跳脚着地开始)的技术 重点:助跑与起跳的配合 难点:起跳腿、摆动腿与臂的协调配合			组织: (1)由上一个队形开始练习 (2)分组(如图) 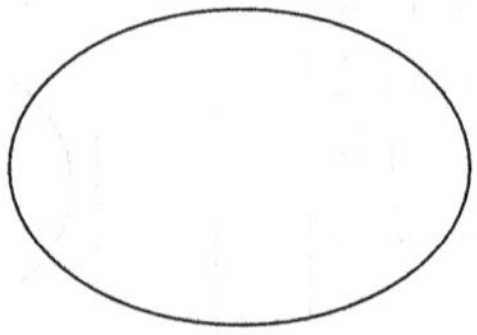 教法: 1. 教师示范并讲解助跑与起跳结合技术的动作要领 2. 1～3 排和 2～4 排的学生分别在直径 15 米的圆周上做连续 3 步的起跳练习,利用组织(1)进行 3. 教师找出 1～2 名学生做示范并请学生进行讲评 4. 6 步助跑,在横竿前面跑进的练习 5. 6 步助跑,在横竿前面向上跳起的练习 6. 6 步助跑起跳后,头触吊球的练习 7. 教师在学生练习过程中巡视,并帮助个别学生掌握所学动作	提高学生观察能力和自我评价能力及他评能力

基 本 部 分	2. 游戏 名称：圆周十字接力 方法：游戏开始教师发令后，各队第一人沿圆周按逆时针方向奔跑，当对方队员跑过本方起跑线后，本方第二人走到圈外站到起跑后面，准备起跑。随即站到线前等候接棒，第一人交棒后			8. 教师介绍下次课背越式跳高的内容，并做示范 9. 对本次课任务完成较好的学生可以复习过竿和落地技术及练习完整的背越式跳高动作 10. 教法 4～9 利用组织(2)进行 要求： 1. 认真观察教师的示范动作 2. 克服怕脏、怕累的畏难情绪 3. 学生之间要互教、互学、互评 组织：  教法： 1. 教师讲解游戏的方法及规则 2. 每组一根接力棒进行传接棒的练习，并研究棒次，以备进行游戏	培养学生的探究意识，提高分析问题和解决问题的能力

基本部分	站到本队排尾。依次进行,以最先达到终点的队为胜 规则: (1)不得跨进圆圈或踏线。接力棒如果掉在地上,必须拾起后再跑,不许抛接棒 (2)超越他人时,必须从外侧绕过,不得推人、撞人(如果出现超越,她值得鸣哨后,持棒人迅速按原路线跑回各自的起点) (3)完成递棒后必须迅速离开跑道,不得妨碍别的队员跑			3. 采用摸颈动脉测量脉搏的方法测量10秒钟 4. 哨响后开始游戏 5. 游戏结束后再测量一次脉搏,方法同上 要求: 1. 每组准备接棒的学生要为本组和其他组加油助威 2. 遵守游戏规则,如有违规罚停3秒	培养学生团结协作的集体主义精神,提高自我管理,自律意识

结 束 部 分	1. 舞蹈 民间舞蹈“阿细跳跃” 2. 总结本次课任务完成情况 3. 宣布下课,组织学生送还器材	3′ 1′	2 遍	组织: 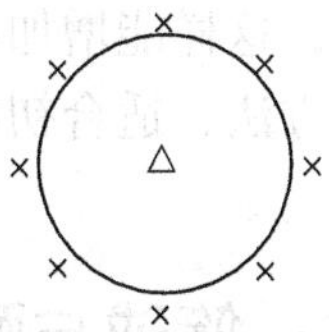 教法: 1. 在音乐的伴奏下教师与学生共舞 2. 在 2 遍舞蹈之间介绍“阿细跳跃”名称的由来 要求: 动作优美,气氛活跃 组织: 学生自动面向教师 要求: 在体委的带领下送还器材并摆放整齐	使学生了解中国民间舞蹈知识、风格、动作素材,培养学生对中国民间舞蹈的兴趣
场地器材	场地:田径场 器材:4 副自制跳高架,8 块海绵包,4 根接力棒,1 台录音机				

六、教案的评价与拓展

教案的评价:体育技能教学模式很有特色，两个教学内容安排得很好，两个教材和游戏间有密切联系，第二教材能巩固、提高第一教材，游戏不但能放松身心，同时能进一步提高对跳高助跑的理解；教学步骤紧密衔接，由易到难循序渐进，逻辑性很强，学生容易掌握；教学手段丰富。不足之处，对初三年级的学生分组情况可以考虑同质分组和异质分组的问题，对技术掌握好的或者身体素质好的学生可以分为一组，反之为一组，这样更能体现因材施教精神。

教案的拓展：在最后助跑起跳的练习可以采用4组按正方形形式摆放，进行循环式练习，这样能增加练习的密度。教学方法可以采用卡片提问、学生讨论等方法，适合初中三年级学生的身心特点。

主体教学模式：篮球与耐久跑“三自”教学

一、具体目标

根据新的《体育与健康》课程标准的精神和北京市体育教学改革的精神，为了充分调动每个学生学习积极性和参与意识，为学生提供一个自己选择、练习、评价的机会，创造一个宽松的学习环境，使学生在运动过程中充分体验运动的乐趣和学习的成功感，身心得到全面发展，达到乐学、会学，笔者设计了“自己选择、自主练习、自我评价”的教学模式。通过对本课的学习，学生讨论正规篮球比赛和游戏性篮球比赛的健身区别1～2条；能在课外活动或课堂中组织篮球比赛；较熟练地完成华尔兹集体舞蹈；理解身体健康的重要意义，努力克服参加800米的恐惧心理，争取早操时间自主参与长跑活动，体验战胜自我的乐趣，并说出自我感受。

二、学习任务

本课篮球为教学比赛，是在基本的攻防技术学习后进行的教学。根据教材和女生的特点，在教学中笔者不是一味地追求正规的篮球比赛，而是通过对教材的处理突出篮球运动的项目特点，即游戏。

本课耐久跑为第六次课，是第一次测验。耐久跑是冬季体育课的一项主要内容，同时也是高中女生最不愿意上的教材，学生的抵触心理很强，在练习中往往出工不出力，达不到很好的锻炼效果。针对这一情况，笔者在教学手段上做了大胆尝试，从练习手段到测验方法都进行了较大改革，同时进行思想动员，从内心深处让学生知道有氧健身跑的健身、健美的作用，充分利用女生爱美的心理，调动其积极性。

三、学习任务分类与具体学习条件

本课任务主要包括技能学习和身体健康、心理健康、社会适应等方面。篮球学习方面，给予学生充足时间进行运球练习，教师不限定学生的练习内容，只给出范围，充分发挥学生的想象力和合作能力；运球游戏既能增强学生练习的兴趣，同时提高学生运球技能和防守能力；篮球比赛的新规则形成新异刺激，通过规则的限定充分调动学生参与练习的积极性。800 米的比赛制度给予学生团结合作、共同战胜困难的决心和信心。同时教师及时反馈给予学生积极练习的动力。这种学习方式要求篮球数量多。

四、学习手段

本课主要采用分组与集体练习、小组比赛方法、学生自主练习的方法进行教学。

1. 在教学比赛中只规定不能走步，而比赛的同伴、裁判和篮圈的大小都是由学生自己选择，给学生一个自己选择同伴进行练习的机会，提高练习的兴趣和参与的主动性和积极性，进而提高练习效果。使学生学会利用篮球锻炼身体。

2. 本节课的耐久跑测验采用了学生自由组队和同质分组、异质分组相结合的方法，采用 5 人 1 组参加测试，以小组最后一名同学通过终点的成绩为小组成绩，5 人在跑的过程中可以采用推、拉等互相帮助的手段，把学生对耐久跑的恐惧心理转化为组内同学之间的合作、团结拼搏的动力，减轻学生心理负担，让学生在较轻松的环境中锻炼、发展，形成竞争意识、合作精神和顽强的意志品质。

五、系统综合编写教案

教材内容	1. 篮球:运球及教学比赛 2. 耐久跑:分组测验 800 米跑(5 人 1 组,以最后一人过终点计 5 人成绩)
任务要求	1. 复习篮球运球技术,进行 3 对 3 或 4 对 4 边线篮球教学比赛,提高女生对篮球运动的兴趣和利用篮球进行锻炼身体的能力 2. 分组测验 800 米全程跑,初步检查“三自”模式教学效果 3. 发展学生灵敏、协调、耐力等身体素质 4. 培养学生观察思考、团结协作,积极进取的精神面貌及竞争意识和交往能力

教学结构	课的内容	时间	次数	组织与教法	思想教育力争体现“三主”
开始部分	1. 值日体委整队，报告人数 2. 师生相互问好 3. 教师宣布课的任务与要求 4. 检查出勤人数与服装，合理安排见习生	2′		组织：四列横队，密集队形 × △ 要求： 1. 每人右手抱球集合 2. 集合快、静、齐 3. 听从指挥、积极练习 4. 注意安全	礼貌教育 组织纪律性 集体主义
准备部分	一、运球慢跑 二、徒手操 由教师和学生领做 8～10 节	5′	4×8拍	要求：学生每人 1 球，运球沿着场地的各种线慢跑，由排头负责 散开：听到哨声后，各组慢跑成一个矩形(如图) × × × × × × × × × × × △ × × × × × × × × 教法：教师领做第 1 节，然后指定一名同学领做第 2 节，该同学再指定第 3 名同学领做第 3 节，依此类推 要求： 1. 积极动脑编排动作 2. 动作规范 3. 充分活动各关节部位	自我锻炼能力的培养 创造思维培养

基本部分	一、篮球 1. 运球 2. 游戏 名称:“抢运球” 游戏目的:提高运球中保护球的能力和运球技能 游戏准备:在篮球全场进行,先指定3~4名队员担任徒手“抢运球者”,其余每人1球 游戏方法:游戏开始,持球者在场内任意运球,在运球过程中要躲闪“抢运球者”的抢球,“抢运球队者”则利用合理的动作进行抢打球,一旦打掉运球者的球,两人互换	9′ 5′		组织:篮球场内自由练习 1. 学生自由组合2人1组,1人运球1人抢断 要求: 1. 学生根据自己能力做高、低运球 2. 左右手都要交替进行 3. 在练习抢断时要求运球同学用身体护球,注意脚步移动 教法: 1. 示范讲解 2. 学生练习 3. 学生自由组合练习 4. 巡回指导、表扬激励 组织: 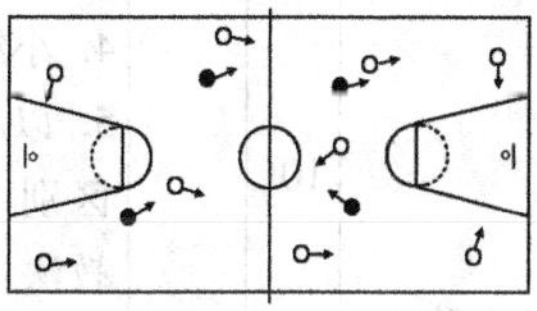 游戏规则: 1.“抢运球者”不得用推、拉等犯规动作抢球,违者抢到球不算。2. 发生被迫运球出界、持球移动或二次运球等违例等情况,则按被打掉球论处	提高学生对竞争与合作之间辩证关系的认知,培养学生协调、灵敏等身体素质

基本部分	2. 教学比赛 边线篮球 3 对 3 或 4 对 4 教学比赛 教师讲解正规篮球比赛的规则,引导学生分析正规篮球比赛的健身与本课篮球游戏健身的区别	10′		组织:学生自由组合 场地:篮球场 4 个半场 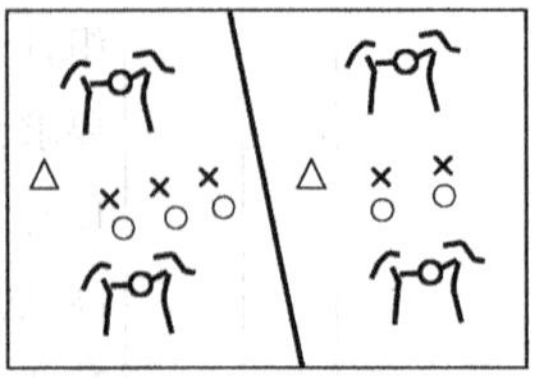 教法: 学生 9 人或 11 人一个大组,自由分组比赛,其中 1 人为裁判,2 人手持呼啦圈为篮筐 规则: 1. 不允许走步,没有边界 2. 以任一组先进 3 个球为一局结束 3. 裁判和举圈同学要经常交换 4. 小组之间可相互挑战 5. 以小组为单位回答健身区别	培养学生交往能力、团结协作的集体主义精神
	二、耐久跑 分组 800 米测验 教师讲解 800 米健身的重要作用,从内心提高学生对 800 米健身、健美,塑造优美体形的作用的认知	10′		教法: 1. 讲解练习要求 本次测验将采取分组集体跑的形式,不计个人成绩,只计小组成绩,5 人一组,以小组最后一名同学通过终点计算成绩,5 人之间可以通过拉、推等形式相互帮助 2. 学生测验 (1)学生自由组合 5 人一组	团结进取的精神

基 本 部 分				(2)每5秒钟出发一组，最后一圈是要通知教师，自己组要记住起跑时间和最后一名同学到终点时间 (3)见习同学帮助教师登记成绩和给同学加油 (4)跑过终点后不能停下，要慢走和投篮放松或用篮球进行其他游戏练习 (5)说出战胜自我的内心感受，集体分享	培养顽强的意志品质
结 束 部 分	一、放松活动 华尔兹集体舞 二、集合小结 三、布置课后作业 四、回收器材，师生再见	4′		组织：(如图) 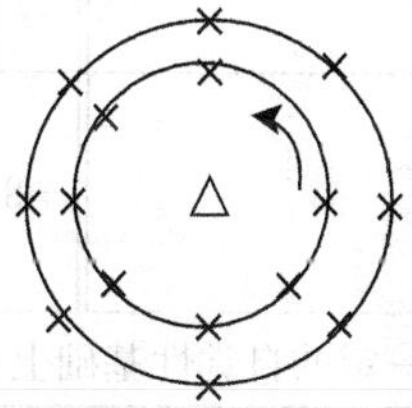 教法： 1. 小结本课情况，以表扬鼓励为主 2. 回收器材由体委负责 3. 课后根据自己情况，练习俯卧撑或立定跳远 4. 课外作业：自主练习有氧长跑	培养体验美表现美的能力 爱护公物教育 培养自觉锻炼习惯

场地器材	2 个篮球场 篮球 52 个 小黑板 1 块 秒表 1 块 呼啦圈 12 个	运动量曲线预计		练习密度预计： 30% ~35%

附:耐久跑单元计划

课次	内容及教法	课次	内容及教法
1	1. 学生组队 10 人 1 组自由慢跑 3 ~4 分钟 2. 以小组为单位根据场地条件做障碍跑 4 ~5 分钟	5	学生自己分组选择跑走交替 1 600米或计时跑 200 米 ×4 组
2		6 ~7	学生自己分组,5 人 1 组练习 800 米,要求 5 人同时过终点,可帮助能力差的同学
3 ~4		8	测验,5 人 1 组取最后一名同学的成绩为小组成绩(标准可适当放宽)
以上教学是在学生有一定的自觉性基础上进行的			

六、教案的评价与拓展

教案的评价：主体教学模式教案突出特点是让学生根据自己的特点选择练习形式和分组队员，适合高中女生的生理、心理特点，能充分调动学生的积极性；篮球的比赛形式突出了趣味性和理论与实践相结合的特点，学生既能积极参与又能得到锻炼，同时能学到相应的篮球技能与理论知识；800 米的测验方法能减缓学生提跑 800 米胆怯的心理，以集体的力量来克服跑 800 米的心理障碍。

教案的拓展：篮球教学可以利用电化手段演示运球方法和比赛阵型，教学更形象，学生易懂积极性高；比赛 800 米的评价方式可以更丰富些，如采用小组第一名和小组最后一名的平均分来决定名次，这样更能调动素质差的学生的积极性。

单元教学工作计划：健美操

一、具体目标

随着教学改革的不断深入，提倡素质教育的今天，单元教学工作计划越来越被广大体育教师所重视。它在保留以往的技术教学过程的高效率和严密性的同时，增加了认识发展、意志品质教育、创造性思维培养、个性培养等方面的教学，同时融“教”“学”为一体的教学过程。健身健美操是在提倡素质教育的环境下产生的新型项目，易开展，适合中学生的生理、心理特点。采用单元工作计划教学能提高学生的学习质量，加深学生对健身健美操的理解，有利于培养学生的学习兴趣，同时增强学生的体质。本单元的具体目标是单元学习结束后，每个班级的女生都能独立、连贯和正确地完成全套动作，同时能创造性完成 2 ×8 拍动作的编排、2 ~4 次队形变化和 2 个造型。

二、分析学习任务

单元教学工作计划的内容是彩穗健身健美操。它分为 5 个课时计划。前 2 个课时计划主要任务是学习彩穗健身健美操基本步伐和套路动作，第 3 个课时计划内容是复习，要求每个小组形成自己特色的套路动作。1. 要有开始和结束造型；2. 根据本组情况编排 2 ×8 拍动作，要求每个小组编排的动作不一样；第 4 课时计划是机动性的，如果天气不好，安排室内课，主要介绍有氧健身的方法及注意事项；如果天气好，安排室外课，进一步复习和提高，要求每个小组选择自己的音乐；第 5 课时安排考试。每一课时要求不一样，但要求一个单元教学后，每个班级的女生都能独立、连贯和正确地完成全套完整动作，并体现本组特色。通过师生的双边活动，进一步提高和谐、愉快、亲切的情绪，加深尊师爱生的关系。

在整个单元教学过程中，学生自制彩穗和以小组为单位的自编 2 ×8 拍动作能充分调动学生学习的积极性和主动性，提高学生的想象力、思维能力和创编能力。

三、学习任务分类与具体学习条件

本单元的学习任务属于对非连续性技能类动作学习。前 2 个课时中，教师采用讲解示范学生练习、小组练习、集体练习（学生领操）等方法教授一套彩穗健美操。后 3 个课时主要采用小组学习方式，充分调动学生参与编排动作，组织队形的能动性。在教学过程中，给予学生充足的练习和互相评价的时间，同时给每个学生提供领操的表现机会，教师重点辅导协调能力差的学生。这样能充分调动每个学生练习的积极性，提高学生表现美、发现美的能力，发展学生的创造能力和组织能力。录音机、磁带是本单元保证，可以让学生自己携带。

四、选择学习手段

绪言课让学生了解教学计划及进度安排特点（连续排课，一节课，一个教材，一练到底）并布置自己制作彩穗的任务和方法。使学生明确学习目的，有利于学生形成比较系统而完整的理性思考，加强学生对学习内容的全面了解；同时自己制作彩穗，提高学生动手能力。

在第 1 和第 2 课时计划中，教师准备好计算机、录音机、磁带、彩穗等教具，充分运用念动法、自练法、表象记忆法、提问法、放收相结合法、表扬鼓励法等手段并和传统教法相结合，提高学生学习兴趣和学习的主动性、积极性。比赛方法能提高小组间的合作能力及集体意识、竞争意识。

第 3～第 5 课时计划采用念动法、小组练习法、正误对比法、讨论分析法、教学比赛法，进一步加深学生对彩穗健身健美操的认识、同时使每个学生在完成自己制定的目标的同时，还要达到小组的整体目标，从而保证学生认真主动练习的氛围，提高学习效率。

通过课时计划的实施，最终完成单元教学计划，使学生获得系统、完整的知识和技能，从而实现单元教学目标。

五、系统综合编写教案

学生：高中二年级女生

<table>
<tr><td>教学领域与目标</td><td colspan="6">1. 运动参与技能：学习彩穗健身健美操一套，要求一个单元教学后，每个班级的女生都能独立、连贯和正确地完成全套动作
身体健康：发展其弹跳、协调、灵敏和柔韧身体素质，提高心肺功能
2. 心理健康：培养良好身体姿态，审美能力、节奏感、陶冶情操，体验集体表演成功的乐趣
3. 社会效应：提高自己动手制作彩穗、自我锻炼、自控、自编、小组编排、互助等能力，通过师生的双边活动，进一步体验和谐、愉快、亲切的情绪，加深尊师爱生、学生团结合作参与竞争的意识</td><td>单元教学小节</td></tr>
<tr><td>教学手段</td><td colspan="6">1. 绪言课让学生了解教学计划及进度安排特点（连续排课，一节课，一个教材，一练到底），并布置自己制作彩穗的任务
2. 教师准备好计算机、录音机、磁带、彩穗等教具，熟悉动作，做到示范正确优美大方，讲解生动形象，充分掌握相应的组织教法
3. 运用念动法、自练法、表象记忆法、提问法、放收相结合法、表扬鼓励法等手段，并和传统教法相结合的方法，力争取得好的教学效果</td><td rowspan="3">1. 通过5节课教学，使每个学生都能独立完成成套动作
2. 实践证明，健美操这种教材集中排课，一课一种教材，优点很多：便于师生集中注意力教学；教学系统连贯便于学生记忆</td></tr>
<tr><td>课次</td><td>内容</td><td>要求</td><td>重点</td><td>组织与教法</td><td>课课练</td><td>负荷预计</td></tr>
<tr><td>一</td><td>新授(6节)
1. 踏步击掌4×8拍
2. 弓步点地4×8拍
3. 交叉步 Legcurl 2×8拍
4. Steptouch 2×8拍
5. 交叉步和开合跳4×8拍
6. 前后 Step Touch 2×8拍踏步放松</td><td>初步掌握前六节动作名称、要领、并会做</td><td>抓兴趣培养和认真努力学习的态度，启发思维，发挥学生的主动精神</td><td>1. 示范表演
2. 计算机演示成套动作和介绍每节动作名称，打比喻说明动作要领
3. 领做，交新带旧，边复习边巩固7次
4. 学生带领练习和学生分组练习（组长管理，每组6人）8次
5. 小组为单位串联动作
6. 表象练习，择优示范10次</td><td>200米2组
仰卧起坐10×4</td><td>密度50%
平均心率135次/分</td></tr>
</table>

二	一、复习前6节 二、新授 1. 并步跳2×8拍 2. 摇绳跳2×8拍 3. Membo 2×8拍 4. 侧并步2×8拍 5. 弹踢摆臂4×8拍 6. 走跳转体4×8拍结束 三、成套动作练习	在复习巩固上节课内容的基础上，进而学会后六节，并能在教师的带领下完成全套动作	1. 集体练习和小组练习及自己锻炼的时效性 2. 强调动作的规范化、与音乐协调一致	1. 教师带领复习3次，小组长带领复习3次 2. 学习新授动作，与前面动作串联练习6次 3. 小组练习4次，小组讨论出现问题的原因，试着解决问题 4. 各小组比赛练习4次	游戏：彩穗接力赛	密度45% 心率140次/分	提高学生韵律感，培养正确身体姿态
三	一、成套动作练习 二、以组为单位编排2×8拍组合动作	掌握全套动作，能在音乐的伴奏下有节奏、独立完成。完成编排动作	1. 动作的连贯、协调、节奏感 2. 动作的规范化、细节化 3. 与音乐节奏吻合 4. 2×8拍动作完成与熟练	1. 音乐伴奏下带领复习，念动练习，闭目完整复习4次 2. 正误对比，重点动作分解纠正，择优示范4次 3. 找出错误动作，并分析其原因 4. 展示创编动作，给予鼓励 5. 小组完整动作练习，教师巡回辅导3次，要求串联自编动作 6. 择优示范领做，反复练习4次	游戏：摸膝盖	密度45% 心率150次/分	提高创造能力和自主锻炼能力，增强团结意识

四	机动： 1. 每个小组创编造型,形成成套动作,并练习 2. 雨天室内课,讲解有氧健身的方法及注意事项	音乐伴奏下较完整的熟练成套动作 小组比赛练习(组长裁判) 进一步强调动作的规范化、表现力	同　上	1. 在音乐伴奏下自练,教师巡回辅导 3 次 2. 择优示范领做,反复练习 4 次 3. 小组练习,组长带领 4 次 4. 教学比赛:(组长担任裁判)	球类活动	密度 50% 心率 150 次/分	培养学生带操能力和表现能力
五	复习并考核	巩固已形成的技能,要沉着冷静,充满自信	提高动作质量 提高心理素质和表现能力	1. 详细讲评评分规则、注意事项 2. 激将鼓励 3. 小组练习 4 次 4. 以小组为单位进行考试,每人佩戴考号 1 次(个人分数) 5. 以小组为单位进行考试,1 次(集体分数) 6. 讲评表扬鼓励 7. 解答疑问	球类活动	密度 35% 心率 130 次/分	体验紧张与放松、成功与失败的心理感受,督促学生进一步自我提高

六、教案的评价与拓展

教案的评价：单元教学计划突出特点是教学过程中彩穗健身健美操成套动作完整、连贯，使学生能系统、完整的学习动作组合。教学手段丰富多样，能充分调动学生练习的积极性和主动性；分组练习和小组讨论，提高学生为完成目标共同合作的意识和积极努力进取的集体意识及分析问题解决问题的能力，适合高中女生爱美的生理、心理特点。

教案的拓展：教学方法可以引入探究式的学习方法，让学生自己解决问题。还可以利用课后记笔记的方法提高学生对动作的理解与记忆；评价方法可以丰富一些，如每个小组穿上统一健美的服装表演，就更能调动学生爱学好学的积极性。可以采用同质分组方法，突出柔韧性好、表现能力强的学生的创编能力，易实施因材施教。

体育与健康课标教案：24 式太极拳

一、具体目标

根据新的《体育与健康》课程标准的精神，为了充分调动每个学生学习的积极性和参与意识，为学生提供一个自己选择、练习、评价的机会，创造一个宽松的学习环境，使学生在运动过程中充分体验到运动的乐趣和学习的成功感，身心得到全面发展，达到乐学、会学，笔者设计了体育与健康课标教案。通过对本课的学习，使 95% 的学生能基本掌握 24 式太极拳的前 3 式；说出太极拳与其他项目不同的特点；通过游戏，提高学生负重奔跑能力和增强国防意识；能熟练地完成形体姿态操；各小组组长基本能领操和领做太极拳。

二、学习任务

本课教学对象是高中三年级的学生，三年级的学生学习任务重，大部分学生好动、急躁，安排 24 式太极拳有利于培养学生心静、沉稳的性格，陶冶性情；发展柔韧性、协调性，增强腿部力量；通过小组练习提高学生组织能力和表现能力。通过游戏发展学生快速奔跑能力、提高灵敏性、加强国防意识。

本课为 24 式太极拳第 1 课时，这节课的主要任务是通过练习让学生了解太极拳的动作特点和规格；基本掌握前 3 式动作。

重点：动作的缓慢匀速；难点：整个学习过程中维持膝关节的弯曲程度。

三、学习任务分类与具体学习条件

本课学习任务主要包括太极拳技能的学习、协调、灵敏等身体素质；发展沉稳性格，陶冶情操，增强表现力等心理健康方面。教师根据学生性格特点和对太极拳易产生厌倦的心理，采用了由个别练习到小组练习，最后采用配合音乐进行小组比赛的方式让学生练习，提高学生练习兴趣，同时消除厌倦的心理。通过配合音乐和小组比赛增强学生集体主义精神，提高学生自我评价和他评的能力；准备活动部分，以学生准备为主教师指导为辅的方法，能充分调动学生的积极性、主动性，激发学生参与体育活动的兴趣，提高学生表现和编排能力。

四、学习手段

本课主要采用分组与集体练习、小组比赛方法、学生自主练习的方法进行教学。

1. 准备活动部分：教师课下提前给小组长布置带操的任务，在教师带领下学生准备好套路组合动作。课上学生配合音乐带操，充分发挥学生的积极性和主动性，提高学生敢于表现自我、战胜自我的能力。在今后的太极拳教学中每节课都有 1 ~ 2 个学生出来带操，这样提高学生的整体水平。

2. 基本部分：教师采用集体练习、小组自由练习、小组长带领练习、配合音乐，小组比赛等方法进行。6 人 1 组，小组长在前带领大家练习，能提高学生自我表现能力，同时提高小组练习的积极性；配合音乐练习提高学生练习的兴趣和节奏感。

3. 结束部分：采用集体练习的方式，通过形体姿态操，提高学生韵律感和审美意识，充分放松身心。

五、系统综合编写教案

<table>
<tr><td colspan="2">课题</td><td>24 式太极拳</td><td>学习阶段</td><td>水平六</td></tr>
<tr><td rowspan="5">教学领域目标</td><td>运动参与</td><td colspan="3">能带动同学和家人参与太极拳活动</td></tr>
<tr><td>运动技能</td><td colspan="3">学习 24 式太极拳前 3 式，基本掌握太极拳的动作规格，能在同学面前表演</td></tr>
<tr><td>身体健康</td><td colspan="3">通过太极拳的练习提高协调性、柔韧性；通过游戏的练习提高学生负重奔跑能力，提高快速奔跑能力、速度素质和灵敏性</td></tr>
<tr><td>心理健康</td><td colspan="3">理解太极拳对自身发展的积极作用，学会用适合自己的方法控制不良情绪</td></tr>
<tr><td>社会效应</td><td colspan="3">提高独立完成动作和集体合作能力、团队的竞争意识，及表现能力</td></tr>
</table>

教学结构	课的内容	时间	次数	组织与教法	思想教育
开始部分	一、课堂常规 1. 值日体委整队，报告人数 2. 师生相互问好 3. 教师宣布课的任务与要求 4. 检查出勤人数与服装，合理安排见习生	1′		组织：四列横队，密集队形 ×××××××× ×××××××× ×××××××× ××××××××× △ 要求： 1. 集合快、静、齐 2. 听从指挥、积极练习	礼貌教育 组织纪律性

准 备 部 分	一、小游戏:包子、剪子、锤 方法:两组相距 2 米面对面站好。教师有节奏地喊"1、2、3"。当喊"1、2"时,都用力向上跳,喊"3"时起跳落地成下列 3 种姿势:两脚并拢落地,代表锤;两脚前后分开落地,代表剪子;两脚左右分开落地,代表包子 根据两脚落地的姿势判别胜负,锤胜剪子,剪子胜包子,包子胜锤,胜得多者为胜 规则:必须按教师口令做,如果动作过慢则判为犯规	3′		组织:四列横队变成两列横队 ×××××××××× 2m ×××××××××× 1m △ 要求 1. 听教师口令做动作 2. 按规则进行游戏 3. 注意力集中	发展学生弹跳能力和灵敏性
	二、韵律操 教师指定的学生在前面带操 踏步——击掌、踏点步、交叉步、V 字步、开合跳、吸腿跳、摆腿跳	7′		组织:同上 教法:学生领做,教师在旁边提示动作 要求: 1. 积极动脑编排动作 2. 动作规范 3. 充分活动各关节部位	培养学生自己编操能力,表现力

基 本 部 分	一、24 式太极拳 (一)起势(图 1－2、3、4、5) 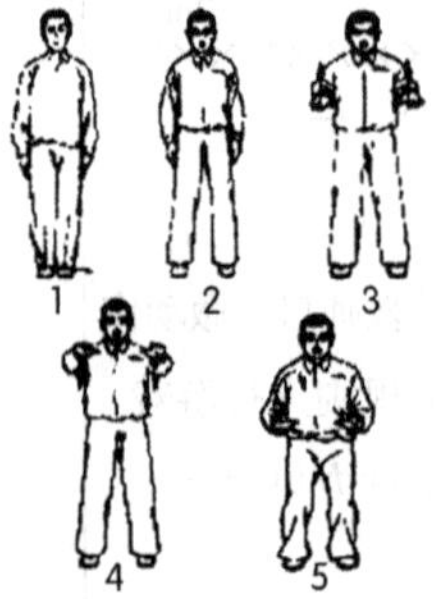 1. 抱手收脚;2. 上步错手;3. 弓步架推;4. 两脚开立;5. 两臂前举;6. 屈腿按掌 (二)野马分鬃  左野马分鬃(图 1－6、7、8、9)  1. 抱手收脚;2. 转体上步;3. 弓步分手 右野马分鬃动作同上,但方向相反	20′	3～4次 5～6次 5～6次	组织:四列横队 ×××××××× ×××××××× ×××××××× ××××××××× △ 教法: 1. 教师提问,学生思考 2. 教师示范讲解 3. 学生模仿练习 4. 学生自由组合练习 5. 巡回指导、表扬激励 6. 学生根据自己的练习情况回答问题 7. 教师总结并归纳答案,引导学生进一步好好学习 8. 学生分 8 人 1 组进行练习,队形如下 ×××× ×××× 组 1 ××× ××× 组 2 × × 组 3 × × × × × × × ×	培养学生思考问题,解决问题的能力 提高学生对竞争与合作之间辩证关系的认知,培养学生协调、节奏感等素质

基本部分	(三)白鹤亮翅(图1-19、20、21)  19 20 21 1. 跟步抱手;2. 后坐转体;3. 虚步分手	7′	 4~5次 1~2次	9. 教师巡回指导,并鼓励表扬 10. 成四列横队,配合音乐进行练习 11. 分小组比赛,裁判员由教师和见习生担任	
	二、游戏:支援前线 游戏方法:在场上画两条平行线,相距15~20米,中间设置2~4个并排放置的“独木桥”(间隔2米左右)。学生分成人数相等的2~4队(与“独木桥”数目相等),每队又分成甲乙两个组,分别站在两边的线后,面对“独木桥”。各队甲组排头面前放一包“弹药”(可用2~3公斤的实心球等器材)。教师发令后,甲组第一人抱起“弹药”跑过“独木桥”将“弹药”交给乙组排头,自己站到乙组排尾。乙组排头则如上述方法将“弹药”交给甲组第二名队员,如此依次进行,运送“弹药”最快、纪律最好的队为胜 游戏规则:传递时不许抛掷,“弹药”不能掉地上。传递时不能越过横线。失败组集体表演节目		1~2次 1~2次	组织: 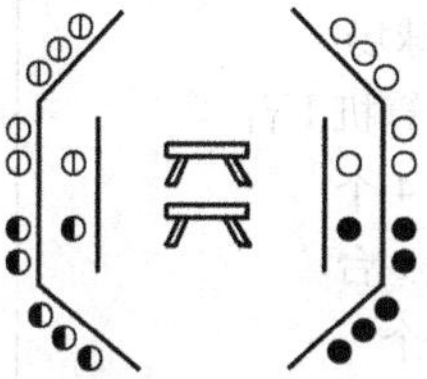 教法: 1. 教师讲解游戏过程 2. 学生分组练习 3. 正式比赛 要求: 1. 按规则进行 2. 积极主动参与 3. 每个队齐心合力完成	发展负重能力和奔跑能力,培养国防意识和认真负责的态度 培养学生交往能力、团结协作的集体主义精神

结束部分	一、放松活动 形体姿态操 二、集合小结 三、布置课后作业 回家教家长练习 四、回收器材，师生再见	7′	2～3次	组织： ××××××××× ××××××××× ××××××××× ×××××××××× △ 1. 要求用心体会动作 2. 配合音乐做动作	培养学生用心体验美、感受美的意识，提高审美能力和韵律感
场地器材	1个篮球场 手提计算机1台 实心球4个 录音机1台 长凳2个			负荷曲线图：	

六、教案的评价与拓展

教案的评价：体育与健康教学模式特点之一是让学生自己准备准备活动内容，教师指导；让学生根据自己的特点选择练习形式和分组队员，适合高中女生的生理、心理特点，能充分调动学生的主动性、积极性；配合音乐的太极拳小组比赛形式突出了趣味性，学生既能积极参与又能得到锻炼，同时提高学生的节奏感；提高练习兴趣。不足之处，评价的方法较少。

教案的拓展：可以采用大班俱乐部上课的方式，更能调动学生练习的积极性，可以利用电化手段演示太极拳过程，提高学生练习的信心和兴趣，这样教学更形象。小组比赛的评价方式可以让学生当裁判，教师指导。